AF608956

Philosophie erzählt

Band 10

Volkmar Mühleis

Unendlichkeit

Nach dem Kugelspiel
des Nikolaus von Kues

Eine Novelle

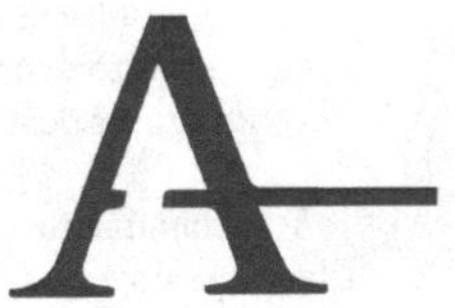

VERLAG KARL ALBER

Die Deutsche Nationalbibliothek verzeichnet diese Publikation in der Deutschen Nationalbibliografie; detaillierte bibliografische Daten sind im Internet über http://dnb.d-nb.de abrufbar.

ISBN 978-3-495-99564-8 (Print)
ISBN 978-3-495-99565-5 (ePDF)

Onlineversion
Nomos eLibrary

1. Auflage 2023

Besuchen Sie uns im Internet
verlag-alber.de

I

Etwas krabbelte an seinem Ohr. Kurz, dann war es weg. Vielleicht hüpfte es – oder flog auf und nieder? Es war federleicht, kaum zu spüren, nicht einmal kitzeln tat es. Hauchdünne Berührung, aus der Luft, mit dem Wind, ein Körperchen, das nicht wie eine Mücke sirrte, eine Wespe dröhnte, nichts Gefährliches lag in der Luft, schwirrte umher, im leichten Windhauch, der vom Tal den Hang hinauf über die Gräser strich. Eine ferne, milde, unter dem Sonnenlicht aufsteigende Erfrischung, Abendluft. Langsam zog er den Arm unterm Kopf hervor, die Hand zu befreien, vielleicht mochte das Tierchen sich auf sie setzen, sich vorführen lassen, auf dem Handrücken, -teller, der Bühne auf Augenhöhe. Er spürte es nicht. Hielt inne. Atmete kaum. Ließ sich von der Brise frischen Atem spenden, den kurzen Augenblick, den er völlig regungslos verharren konnte. Das Tierchen zeigte sich nicht, schien verschwunden. Dabei hockte es womöglich nur unter einem Grashalm. Er blieb liegen, verschränkte die Arme wieder hinterm Kopf. Und auch wenn bereits der erste Abendduft über die Wiese wehte, der Himmel schien unverändert, strahlte im satten Blau. Oder konnten nur seine Augen nicht sehen, was der Geruch ihm längst sagte? Dass der Tag, wäre er eine Gestalt, sich auf Zehenspitzen davonschlich, in Richtung Tür, hinter der er verschwinden würde. Ein bühnenreifer Abgang, kunstvoll, gekonnt. *Und der Applaus verhallt hinter ihm, im Dunkel der Nacht.*

Kein Grund aufzustehen, sich vom ersten frischen Lüftchen aufscheuchen zu lassen. Das Gras war warm. Wadenhoch stand es um ihn herum, trocken in der andauernden Hitze. Er blickte schnurstracks in den Himmel, ins tiefste Blau. Wenn er sich nicht bewegte, vergaß er fast die sanft schwankenden Halme um ihn herum. Auf der Brücke über den Fluss hatte er Kinder dabei beobachtet, wie sie mit Händen als Scheuklappen an den Schläfen ins Wasser starrten, die Köpfe unbewegt, und über ihre Einbildung staunten: »Es sieht aus, als ob die Brücke ein Floß wär, das auf dem Wasser schwimmt!« Jetzt spielte er *unendliche Fahrt*. Er fuhr mit der Erde am Himmel entlang, ins Blau allein, wolkenfrei, sah er sich in die schwebende Membran, das Lichttuch über ihm, ein Zelt aus Dunst und Schwerelosigkeit, ein Schichtengemälde, dessen Einfarbigkeit zu schillern begann, unter dem Grund des Hellen, stahl es sich heran, ein erster Hauch der Dämmerung, Trübung, nicht Ver-, vielmehr *Aufdunkelung*, wenn der undurchsichtig scheinende Vorhang ins Dunkel entwich, das Funkeln der Sterne hier und da die Masse durchstach, das Zimmer, aus dem der Tag sich geschlichen hatte, unendlicher Raum wurde.

Aus der Ferne hörte er Schritte näherkommen. Langsam ging jemand über die Gräser, als wolle er sie schonen – oder ihn nicht erschrecken? Sollte er sich aufrichten, sehen, wer kommt? Er erwartete niemanden, hatte keine Spaziergänger gehört, die Kühe standen still auf der angrenzenden Weide. Und wenn die Person einen Hund dabei hätte? Nein. Sie lief allein. Den Schritten nach war es kein Erwachsener. Und auf einmal tauchte in seinen Blick ein Schopf gefärbter Haare – ganz eindeutig, einer seiner Messdiener, auf Selbstfindungsreise.

»Herr Pastor, was machen sie denn hier?«

»Ich liege im Gras.«

Doch sogleich stand er auf, den Jungen zu begrüßen, sich nicht von ihm anstarren zu lassen.

»Bist du auf dem Weg nachhause?«

Der Leuchtkopf nickte, er hatte sein Fahrrad an der Bank abgestellt, nachdem er den Pastor auf der Wiese gesehen hatte.

»Sie haben ihr Buch vergessen.«

Er blickte sich rasch um. Da lag es, eine Armlänge entfernt von seinem Grasbett. Statt sich im Stehen zu bücken, ging der Pastor schnell in die Knie und steckte es fast beiläufig in seine Jacketttasche.

»Was lesen sie gerade?«

»Shakespeare.«

Der Junge schaute ihn verstohlen an.

»Das glaubst du mir nicht?«

Er schüttelte grinsend den Kopf.

»Warum nicht? Meinst du, ich hätte keinen Spaß an guter Literatur?«

»Natürlich haben sie den. Aber auf dem Buchrücken stand nicht Shakespeare!«

Er nahm das Buch aus der Tasche und zeigte es. Der Junge war enttäuscht, ließ sich jedoch nichts anmerken.

*

Als die Temperaturen für die Nacht durchgesagt wurden, schaltete er ab. Wieder würde es viel zu heiß werden. Selbst konnte er mit offenen Fenstern im Obergeschoss schlafen, zur Straße hin lag das Haus leicht verschattet von zwei Bäumen. Frau Erken könnte sicher kein Auge zu tun. Vor der Pandemie war sie zu jeder Morgenandacht gekommen, die er noch anbieten konnte. Sie war die Küsterin seines Vorgängers gewesen, nun war sie zu alt dafür. Er brauchte keine Hilfe, doch er freute sich über Gesellschaft, Teilnahme. Die volle Berufstätigkeit erlaubte den wenigsten in der Gemeinde noch die freiwillige Mitarbeit unter der Woche. Und am Wochenende hatten sie andere Sorgen als die Messe. Als Seelsorger kam er für viele gar nicht mehr in Betracht. Als Fürsorger ihrer gebrechlichen Eltern schon. Dafür allerdings hatte er keine Zeit, so gern er auch die Zeit mit jemandem verbrachte, dem sie wirklich etwas bedeutete (wobei das unter den älteren Leuten nicht unbedingt häufiger der Fall war, er schon mit Blicken begrüßt wurde, als säße jemand seine Tage im Knast ab, seine alten Tage, im Altersheim). Sehr viel öfter als sonst war er nachts vom Krankenhaus angerufen worden, einem Patienten in Atemnot beizustehen, zuerst durch das grassierende Virus und dann noch durch die Hitze. Kein Öl, kein Weihwasser, nichts war zeitweilig erlaubt, im Schutzanzug saß er am Bett und suchte den Blick des Anderen, Nächsten, vom Schmerz Verzerrten, um Hilfe Suchenden, zu keinem Gebet mehr Fähigen. Ohne Berührung, nur mit der Geste Nähe zu bekunden; wie schwach ihm die Zeichen erschienen, die Leben versprachen, rituelle Zeichen im keimfreien Raum, wo das Leben sich in Sterben verkehrte, unaufhaltsam. Die Zahl der Ansteckungen stieg weiter, damit waren die Nachrichten eröffnet worden – und dass die Urlauber am Mittelmeer sich keine Sorgen machten, schließlich müsse man überall aufpassen. Aus den Narrenbildern von einst würden heute Urlaubsgestalten, in Stein gehauen, an den üppig verzierten Fassaden der mittelalterlichen Kathedralen, wie er sie im Burgund einst bewundert hatte, auf seiner Reise nach Taizé. Er blieb dieses Jahr zuhause, gönnte sich manchen Nachmittag auf der Wiese, so wie heute.

Seit dem Beginn der Pandemie hatte er wieder begonnen theologische Bücher zu lesen, philosophische Schriften, Ordnungsmuster in Zeiten verwirrten Denkens. Denn so erschienen ihm die Tage, Wochen, in denen die Neuigkeiten sind ständig änderten, Mundmasken als überflüssig galten, dann wieder als unerlässlich, die Maßnahmen für die Hygiene angepasst wurden, als gäbe es dafür keine Beispiele von früher oder anderswo, er die Verunsicherungen in der Gemeinde spürte, dass manche lauthals weitersangen, während andere argwöhnisch schwiegen. Am liebsten hätte er vor jedem Gottesdienst alle *Instrumente* geweiht, sichtbar für jeden, als sauber, rein. Als könnte der Segen das Virus bekämpfen, vertilgen, am Boden zerschmettern. Biblische Virusbekämpfung, das war schon während der Pest nicht gut gegangen, in jener Zeit, in die sich die Urlauber verirrt hatten, das mittelalterliche Hier und Heute, in dem zwar die

Wissenschaft Hilfe bot, doch der gesunde Menschenverstand nicht mehr als eine Phrase war. Das *Narrenschiff* erschien am Horizont, kaum tobte die Pest. *Die Grobheit breitet jetzt sich aus* – Sebastian Brant, 1494. Das Buch lag zur Abwechslung neben den Werken auf seinem Schreibtisch, in denen er am Abend las, allein im Haus, in der Pfarrgemeinde, im Hafen des eigenen Kirchenschiffs. Wie sollte er die wenig Verbliebenen durch diese Unsicherheit lotsen? Er war kein Kapitän, kein Anführer, nicht einmal Hirte. Er tat seine Arbeit als Priester, wie auch andere ihre Arbeit tun, die bereit waren sich ganz mit ihr zu identifizieren – ob als Gärtner, Lehrer, Handwerker, Politiker. Lange hatte er nicht gewusst, was er werden sollte. Mit Freunden ging er nach Bonn zum Studium, dann ins Priesterseminar nach Koblenz. Das Zölibat hatte ihn nicht geschreckt. Die Bücher auf seinem Tisch waren auch damals nicht wenige gewesen, tanzen konnte, mochte er nicht, und wenn er schon auf andere zugehen sollte, dann lieber in aller Deutlichkeit, erkennbar, auf Abstand, als Abstand, Priester. So hatte er es sich zumindest eingeredet, am Anfang, seine Schüchternheit zu verklären. Der erste Krankenbesuch jedoch hatte ihm bereits die Augen geöffnet, die Sinne geschärft, dass er über die Worte hinaus dem Andern nah sein musste, unaufdringlich, taktvoll, mit jeder Geste, Berührung. Wie konnte er Trost spenden? Was hatte er zu geben?

Er nahm eines der Bücher und blätterte darin. *Der Beryll ist ein glänzender, weißer und durchsichtiger Stein. Ihm wird eine zugleich konkave und konvexe Form verliehen, und wer durch ihn hindurchsieht, berührt zuvor Unsichtbares.* Was für ein Stein sollte das sein? Ein Edelstein, Kristall sicher. Im Internet fand er sogleich eine Erklärung und Abbildung – selbst das Wort Brille leitete sich von dem Namen ab, waren wohl die ersten Gläser dafür aus Beryll geschliffen. Und auch das *brillante* Glänzen! Ein Schein also, der sehen ließ. Natürlich, warum nicht. War der Autor kurzsichtig geworden, und beschrieb er hier, im späten Mittelalter, seine erste, eigene Brillenerfahrung? Nein, sogleich macht er deutlich, dass er den Sehstein nur als Sinnbild versteht, für die *Augen der Vernunft*. Ein innerer Schein, der sehen lässt? Das Licht der Welt, Offenbarung?

Er war müde. Die Trägheit seines freien Nachmittags steckte noch in ihm, die kleine Wanderung, das Ausruhen auf der Wiese, das Versinken in Tagträumereien und der herbe Duft der trockenen Gräser.

*

Jeden Sonnabend saß er am frühen Nachmittag im Beichtstuhl und las. Außer Frau Erken und den wenigen Frauen, die vor jeder Messe den Rosenkranz beteten, kam kaum jemand. Und sie waren alt, brauchten den Mittagsschlaf, was sollten sie da zur Beichte gehen, all die Mütterchen, mit stämmigen Beinen und Krampfadern den kleinen Berg hinauf, zur Kirche, wer wollte ihnen das antun. Sie selber, manchmal. Sie knieten auch noch im Gottesdienst, der Pastor hatte sie lange schon darauf ansprechen wollen, dass sie ruhig sitzen bleiben konnten.

Er saß gemütlich auf seinem Polster im Stuhl und besann sich auf eine Stelle aus seinem liebsten Evangelium, dem nach Matthäus –

Wer von euch kann mit all seiner Sorge sein Leben auch nur um eine kleine Zeitspanne verlängern?

– da hörte er die schwere Kirchentür knarzen. Rasch knipste er das selbst eingebaute Lämpchen aus und wartete, wer wohl eintreten würde. Durch das dichte Flechtmuster seiner Tür im Beichtstuhl konnte er nur versetzt die Person sehen, wie sie zögerlich in die Kirche trat, ohne einen Blick auf das Weihwasserbecken zu werfen. Dann blieb sie stehen, schien in die Richtung des Beichtstuhls zu schauen. Warum stand er nicht auf und gab sich zu erkennen? Er zögerte. Die Bewegungen der fremden Gestalt irritierten ihn. Offensichtlich war sie zum ersten Mal hier. Wusste sie überhaupt von der Beichtgelegenheit? War sie deshalb gekommen? Oder war ihr nicht eine katholische Kirche überhaupt fremd, wenn sie weder das Weihwasserbecken wahrnahm noch unbefangen den Raum betrat? War es ein Dieb, der es auf einfache Schlösser abgesehen hatte, Vergoldungen gar für echt hielt? Es gab nichts Wertvolles zu stehlen, das hatte er schon einmal der Polizei erklären dürfen. Die Gemeinde war erst spät gegründet worden, deshalb lag die Kirche – ein moderner Nachkriegsbau – auch etwas außerhalb der Ortschaft. Die Sicherheitsvorkehrungen waren auf dem aktuellen Stand, traditionsreiche Besitztümer gab es keine, weder fein ziselierte Kelche noch Kunstwerke. Eine kleinstädtische Randgemeinde, in einem der wohlhabendsten Bistümer, weit weg jedoch vom Prunk der Metropole, ein Zugeständnis an die Gläubigen vor Ort, ein strategischer Außenpunkt inmitten reformierter Selbstbestimmung. Diaspora. Ihm gefiel das Wort. Es leitete sich von dem altgriechischen Begriff für Zerstreuung ab – eine Gemeinde, die in der

Zerstreuung lebt, in der Fremde, die verstreut ist, sich sammelt, durch das Sporadische hindurch sich findet, wiederfindet, abseits, nebenan. Die katholische Kirche selbst war diese Diaspora geworden, nach den Offenlegungen jahrzehntelanger Missbrauchsfälle, dem Vertrauensverlust in den Gemeinden, den Skandalen von Vertuschungen, Leugnungen, Komplizenschaft. Wer wollte den Weg noch finden, in dieses Haus? Wer wollte ihnen, den Geistlichen, noch glauben – wo doch alles vom Glauben abhängen sollte, an die Kirche als Stütze im Leben? Der Stützpfeiler ins Verderben, so hatte sich das Bild gewandelt. Nicht nur die Touristen der Pandemie schienen zu mittelalterlichen Gestalten verkehrt, auch die heuchlerischen, notgeilen Priester hätten einen Hieronymus Bosch kaum überrascht, schließlich waren sie zu seiner Zeit – fern aller Aufklärungsansprüche – unverstellter Alltag.

Die hagere Gestalt in Jeansjacke kam näher. Es war ein junger Mann, so schien es, auch wenn seine Bewegungen nicht leicht oder schlaksig waren.

»Hallo?«

Der Pastor setzte die Maske auf, öffnete sein Türchen und grüßte zurück.

»Kommen sie zur Beichte?«

Der Mann lächelte bei dem Wort, ungewollt, schmierig. Er war nicht jung, nur ungepflegt, in Kleidung als könnten die Turnschuhe ihn lässig aussehen lassen, während sie nur verschlissen waren, wie sein müdes Gesicht. Er legte seine rechte Hand auf eine der Bänke, wippte mit den Fingern.

»Entschuldigen sie«, sagte er und ging.

*

Der Pastor hatte sich gerade erst umgezogen, da klingelte es an der Haustür. Sein indischer Kollege aus dem Nordkreis kam herein, sie umarmten sich.

»Schau mal, was ich dir mitgebracht habe!«

Er zeigte die schneeweiße Hülle einer DVD, auf der ein Mädchen, schon eine Jugendliche vielleicht, einen Esel durch die Landschaft führte. Sie trug eine Wildlederjacke, die Flocken säumten das Fell des Esels, es hatte den gleichen grauen Farbton ihrer Jacke, als würden sie sich kaum unterscheiden, einander eng verbunden sein, in dieser menschenleeren Gegend. *Fortuna* hieß der Film, *Zufall, Glücksfall.*

»Wie Maria ohne Josef.«

»Eine schwarze Maria, wenn du genau hinschaust. Sollen wir uns den heute Abend ansehen?«

Ab und an trafen sie sich samstags nach der Abendmesse, kochten zusammen, lasen sich gegenseitig etwas vor, hörten Radio, schauten Filme. Balkrishna war aus dem Süden von Indien vor einigen Jahren nach Deutschland gekommen, er betreute mehrere Gemeinden, wie der Pastor auch. An Gesten, an der Körpersprache erkannt zu werden, half ihm sehr dabei, das Vertrauen auch jener zu gewinnen, die sein Akzent irritierte, nicht nur verstörte, sondern tatsächlich störte, als wäre ein dunkelhäutiger Fremder im Talar gleich zwei zu viel. Worte und Taten, auf beides kam es an. Er fand schnell über die studierten Formeln und Gebete der Liturgie hinaus, setzte sich in der Bäckerei frühmorgens an einen der Tische und hörte den Gästen beim alltäglichen Gespräch zu, wurde Teil der Gewohnheit, Teil des Gesprächs. *Ah, Herr Pfarrer, wieder ein Kännchen?* Ja, gern auch ein Kännchen. Es war ein Missverständnis gewesen, bei seinem ersten Besuch, doch seitdem sein Markenzeichen. *Der Herr Pfarrer nimmt immer ein Kännchen. Ja, der hat Zeit. Quatsch, der muss genauso arbeiten wie wir. Ja, und was tut der den ganzen Tag? Die Leute treten sich doch schon auf die Füße beim Austreten. Wo müssen die denn austreten? Na, aus der Kirche treten die aus, die müssen alle ganz furchtbar schnell aufs Klo!* Und großes Gelächter. Nicht aber, wenn er dabei war. *Herr Bali,* hatte ihn ein älterer Mann anfangs genannt, das war ihm auch recht. Hauptsache, er kam in Kontakt, fand die Laute, die er manchmal kaum verstand, später in seinem eigenen Mund wieder, wie sie sich fast mühelos bildeten, kleine Lautblasen seinen Gegenüber verblüfften, *das hätte ich dem Mann gar nicht zugetraut, das muss man ihm lassen, flink ist der Kerl.*

Der Pastor hatte wieder eine Suppe gekocht, einen Gemüseeintopf, mit Roten Beten, Kartoffeln, Möhren, Zwiebeln, Hummus und anderen Leckereien. Er konnte kaum etwas anderes, einen Kochkurs hatte er nicht bekommen, im Priesterseminar. Wenn sie bei seinem indischen Freund waren, dann duftete es, als würde er mit Weihrauch und Myrrhe zaubern.

Sie machten es sich gemütlich. Mit einem Projektor leuchtete der Film auf der weißen Wohnzimmerwand auf, Heimkino. Man sah eine unendliche Schneelandschaft, mitten in den Bergen. Das Mädchen, die Jugendliche, versorgte die Tiere im Stall, die Hühner sprangen ihr um die Beine, und in einem Korb begrüßte sie die Küken. In dieser

Eiseskälte. Dann ging sie mit dem Esel zu einer Grotte, Höhle, wo sie vor einer kleinen Marienstatue betete. Sie betete für ihre Eltern, deren gerahmte, kleine Fotos daneben standen. Eltern in Afrika. Sie bat um ihren Schutz, wie um ihren eigenen.

Der Film spielte in einem Kloster, hoch oben in der Einöde der Schweizer Alpen, wo eine Handvoll Mönche Flüchtlinge versorgte. Das schmächtige Mädchen war tatsächlich eine Jugendliche, vierzehn Jahre alt – und schwanger. Das Leben, das in ihr schwelte, spannte den Bogen der Geschichte. Ein erwachsener Mitflüchtling, Kabir, der sie übers Mittelmeer begleitet hatte, und der für sie wie ein Schutzengel war, hatte mit ihr geschlafen. Sie liebte ihn, wünschte sich, dass sie heiraten. *Aber verstehst du denn nicht? Ich muss ins Gefängnis, wenn du das Kind bekommst! Du bist nicht erwachsen. Das ist hier verboten!* Kabir hackt das Holz für das Kloster. Tag um Tag steht er in der Kälte, schlägt Holzscheit nach Holzscheit, schlägt die Stunden entzwei. Wohin mit dem eigenen Leben? *Vertrau – wir sind in einem sicheren Land. Was uns heute schwer erscheint, darüber werden wir morgen lachen.* Seine erste Reaktion, als sie ihm von der Schwangerschaft berichtet: Er schlägt sie, kurz, lässt von ihr ab, schmeißt die Stühle von den Tischen. Das Schicksal wendet sich gegen ihn, es ist seine eigene Schuld. Wohin noch mit dem eigenen Leben? Er beruhigt sich, er ist auf sie angewiesen. Er braucht sie. Missbraucht er sie? Er ist zärtlich zu ihr, er entschuldigt sich. Er betet. Reinigt seine Hände, Arme, Füße. Er hat jeden Halt verloren, so scheint es. Still steht er bei den anderen muslimischen Männern und betet, kniet sich nieder. Osteuropäische Flüchtlinge veranstalten ein Fest. Fortuna, so ihr Name, steht in der Ecke, beobachtet den ausgelassenen Tanz der wie Derwische wirbelnden Frauen. Da kommt Kabir zu ihr und zuckt mit den Schultern wie es kein Europäer kann, tut, überhaupt denkt es zu tun – rhythmische, zackige, fröhlich hüpfende Schultern, er lächelt sie an, lädt sie ein, mit ihm zu tanzen, und sie muss lächeln, die Schultern zucken so schön, wippen und schnellen auf und nieder, sie macht einen Schritt, kommt auf ihn zu, lässt ihre Schultern im Schlag der Musik zucken, tanzt mit ihm, und auch er scheint für einen Augenblick alles zu vergessen, alle Last, alle Sorgen, als hätten sie sich gerade erst kennengelernt, in einem Dorf, einer Kleinstadt, einem Viertel, irgendwo, in ihrer Heimat.

In der Nacht findet eine Polizeirazzia statt.

Kabir ist nicht festgenommen.

Er ist verschwunden.

Die Mönche beraten, wie es weitergehen soll. Es gibt nur ein Gesetz. *Ich war hungrig, und ihr habt mir zu essen gegeben; ich war durstig, und ihr habt mir zu trinken gegeben; ich war fremd und obdachlos, und ihr habt mich aufgenommen.* Und dennoch gibt es Grenzen, meinen manche. Die Aufnahme der Geflüchteten übersteige die Möglichkeiten der kleinen Gruppe, praktisch. Und ein Konflikt mit der Polizei, den erlassenen Gesetzen, wolle man auf keinen Fall heraufbeschwören. Der Abt jedoch bittet um ihr Vertrauen in das eine Gesetz. Er appelliert an ihren Glauben, ihre Vernunft – nicht ihre Angst.

Ein Mann aus dem Ort im Tal vermittelt die Flüchtlinge weiter, an Familien, Einrichtungen. Fortuna möchte das Kloster nicht verlassen. Sie wartet auf Kabir, doch er kommt nicht zurück. Sie versorgt die Tiere, geht mit dem Esel. Dann verlässt sie der Mut. Sie rennt aus dem Kloster fort, tagsüber, ohne Proviant, ohne Plan. Schnell wird sie von der Polizei an einer Landstraße aufgegriffen und zur Untersuchung gebracht. Sie sagt, die Geburtsangaben in ihrem Pass seien falsch. Sie sei dreiundzwanzig. Die Ärztin glaubt ihr nicht, ihre Schwangerschaft wird entdeckt.

Der Mann findet eine Familie für sie. Das Kind müsse sie abtreiben. Die Fürsorge nähme es ihr ohnehin später ab. Und warum sollte sie ihr neues Leben verpfuschen? Alle Studien zeigten eindeutig, wie schwer sie es mit einem Kind haben würde. Ihr Lernen auf der Schule würde darunter leiden, sie fände kaum Arbeit, die Trennung von ihrem Kind wäre traumatisch. Wer wollte ihr das antun?

Der Abt hört dem Mann ruhig zu. Er weiß es selbst nicht besser. Ihn macht nur die Gewissheit stutzig, mit der sein Gegenüber das alles behauptet.

Fortuna will das Kind behalten, das hat sie beiden gesagt.

Sie müssen darüber entscheiden, weil sie noch minderjährig ist, ohne jeglichen Kontakt mit den Eltern.

Aber sie hat nichts, sagt der Mann aus dem Ort – einer, der es nicht weniger gut mit ihr meint als der Abt, das wurde im Film längst deutlich.

Und vielleicht will sie darum das Kind behalten.

Der Abt möchte sie weiter unterstützen.

*

Kommt alle zu mir, die ihr euch plagt und schwere Lasten zu tragen habt. Ich werde euch Ruhe verschaffen. Nehmt mein Joch auf euch und lernt von mir; denn ich bin gütig und von Herzen demütig; so werdet ihr Ruhe finden für eure Seele. *Denn mein Joch drückt nicht, und meine Last ist leicht.*

Schwestern und Brüder,
in diesen Tagen und Nächten der Hitze,
in diesen Wochen und Monaten der Angst vor dem Virus,
der Sorge um die eigene Familie, die Freundinnen und Freunde,
da sind wir aufgefordert, unsere Last zu teilen –
im Gebet, im innersten Herzen,
wie im Gespräch, miteinander,
im offenen Ohr füreinander,
in der bloßen Anwesenheit.
Das Wort der Liebe
spricht im Reden wie im Schweigen,
es spricht durch mich
noch bevor ich etwas sage.
Das Wort der Liebe
ist leicht
und trägt doch die schwerste Last.
Wenn wir nachts wach liegen,
wenn uns am Tage alles zu viel wird.
Das Wort der Liebe
kennt keine Statistiken,
keine Hochrechnungen
und Prognosen.
Es ist nirgendwo sonst
als im geschenkten Blick,
in der Aufmerksamkeit für,
Hingabe an unsere Nächsten.
Das Wort der Nächstenliebe,
beglaubigt in der Erfahrung,
wird zum geflügelten Wort.
Es macht leicht,
was uns schwer war,
in seinem Wesen, seiner Wirkung
ist es eins.

Lasst uns darauf vertrauen,
in diesen Zeiten,
die eine andere Sprache sprechen,
in der wir uns schutzlos fühlen,
auf Abstand gehen,
jede Berührung vermeiden.
Kommt alle zu mir, die ihr euch plagt und schwere Lasten zu tragen habt.
Davon zeugte Matthäus, der Zöllner aus Kafarnaum, wohl ein halbes Jahrhundert nach der Kreuzigung Jesu, als alter Mann.
Denn mein Joch drückt nicht, und meine Last ist leicht.
Amen.

*

Am Nachmittag nahm der Pastor wieder das grüne Buch zur Hand, das seinen Messdiener auf der Wiese erst so neugierig gemacht und dann enttäuscht hatte. *Philosophisch-theologische Werke, Band* 3 stand darauf; daneben, wie das Bild einer Plakette, Medaille, der Kopf eines Mannes, der wie zum Titel aufblickt, in weißem Gewand, in einen Mantel gehüllt. Das mittelalterliche Portrait des Autors, Nikolaus von Kues. Seit dem Studium hatte er ihn nicht mehr gelesen, und wie gut taten ihm in der Pandemie die genau gesetzten Gedanken stiller Besinnung, abseits der naheliegenden, praktischen, zu bewältigenden Lektüre, für die Vorbereitungen der Predigten, die Schreiben der Gemeinde, die Protokolle, Mitteilungen, Rundbriefe. Auch die Einschränkungen der Besuche verschafften ihm unerwartet Freiraum, er war weniger unterwegs und zum Pfarramt kamen kaum mehr Leute. *Nimm einen Halm zur Hand und knicke ihn in der Mitte, und der Halm sei a b und die Mitte c.* Von der Wiese hatte er manchmal einen langen Halm mitgenommen, den Hang hinab spielte er mit ihm, knickte ihn zu einer Figur, ließ ihn ins Gras fallen, bevor er auf die Straße kam. Nichts hatte er sich dabei gedacht. Während der mittelalterliche Philosoph das Unteilbare gesucht hatte, im Schliff des Edelsteins zum Sehglas, so zeigte es sich ihm auch hier: Die Linie des Halms, mit der alle Teilungen möglich werden, ist selbst durch Winkel unteilbar. Man kann ihn knicken, wie man will, er bleibt als Bedingung davon unberührt. Im Unteilbaren musste die Einheit offenbar werden. Die Einheit, von der Matthäus sprach.

II

»Lieber Gemeinderat, darf ich Ihnen Herrn Alassaf vorstellen. Er ist Architekt und stammt aus Aleppo. Vor vier Jahren ist er mit seiner Familie nach Deutschland geflohen, seit letztem Jahr wohnen sie bei uns. Meinen Kollegen, Herrn Pfarrer Dörpinghaus, kennen Sie vielleicht von seinem Engagement in der Friedensinitiative, er arbeitet als Religionslehrer an der Berufsschule. Herr Dörpinghaus hat Herrn Alassaf dabei geholfen, sich bei uns zurecht zu finden, und beide möchten gern ein Projekt vorstellen, für das sie unsere Unterstützung gut gebrauchen könnten. Bitte, fangen sie ruhig an!«

»Vielen Dank, dass sie mich hier als ihren Kollegen eingeführt haben, in der Gemeindearbeit bin ich schon lange nicht mehr tätig, umso mehr freut es mich, heute Abend bei ihnen sein zu dürfen und mit ihnen unser Anliegen zu teilen. Herr Alassaf hat eine Präsentation unseres Vorhabens mitgebracht, gleich werden sie sehen, worum es genau geht. Lassen sie mich nur vorneweg sagen, wie glücklich ich über seinen Vorschlag bin, und dass ich inständig hoffe, ihn in unserem Städtchen bald verwirklicht zu sehen.«

Der Pastor war bereits zur Tür des Saals gegangen und schaltete jetzt das Licht aus. Sein Heimkinoprojektor warf einen Lichtkegel an die Wand und intuitiv beugten sich einige mit nach vorne, in Richtung der aufgestellten Leinwand.

»Guten Abend«, setzte der Architekt an. »Ich bin kein Mann der großen Worte, schon gar nicht in einer Sprache, die ich erst seit kurzem lerne. Und doch möchte ich ihnen erzählen, wie ich auf die Idee kam«, er stutzte einen Augenblick, »die ich ihnen gern vorstellen – möchte.«

Er zeigte einige Bilder aus Aleppo, aus der Zeit vor der Zerstörung im Bürgerkrieg seit 2012 – die Gassen der Altstadt, die Galerien des Basars, mit uralten, schweren Holztoren, Steinbögen wie Kirchendecken, dem geschäftigen Treiben der Händler und Kunden, jungen Leuten auf Mofas und Motorrädern, das Leben in den Cafés, am Fluss, wo haushohe Mühlräder durch Mauern gestützt den Kreislauf von Wasser und Wirtschaft versinnbildlichten, sich unentwegt drehten, wie es schien, eine Familie vor der Zitadelle posierte, die als ein Berg in der Stadt thronte, eine Burg von unglaublichem Ausmaß, massiver Wucht, ein Stein des Himmels, auf die Stadt gelegt.

»Das sind meine Frau und meine Kinder.«

Wie sie heißen, wollte eine Dame aus dem Gemeinderat wissen.

»Meine Frau Widad, unsere Tochter Dima und unser Sohn Fawwaz.«

Er wandte sich wieder dem Laptop zu, um die nächsten Bilder aufzurufen.

»Als die Bombardierungen begannen, verloren viele Menschen ihre Häuser und Wohnungen. Auch wir mussten zu Verwandten ausweichen. Mit einigen befreundeten Architekten überlegten wir, was wir tun könnten. Wie können die Menschen sich schützen? Das war unsere wichtigste Frage. Es ging nicht mehr darum, ein Haus schön zu entwerfen, eine Baufirma zu suchen, Handwerker, um es zu errichten. Wie könnte jeder selbst, mit anderen, einen Unterschlupf bauen? Nicht nur finden. Denn die Zerstörungen gingen rasend schnell. Sie glauben gar nicht, wie heftig die Kämpfe waren, wie furchtbar und rücksichtslos alles niedergemacht wurde. Die Stadt wurde ausgelöscht. Im Fernsehen haben sie sicher Bilder davon gesehen, ich muss sie ihnen nicht zeigen.«

Stattdessen projizierte er ein Foto, auf dem Sandsäcke zu Ringen gestapelt waren, so hoch wie ein Iglu. Große, runde Holzbehälter bildeten Aussparungen, um die herum der Unterschlupf entstand. Auf dem nächsten Bild war er fertig: Plastikrohre ragten unter der Abdeckung hervor, zur Lüftung, die Holzbehälter waren Fenstern gewichen, die Sandsäcke allesamt verspachtelt. Ein massiver, kleiner Fluchtort, schusssicher, druckfest, bis auf die Fenster. Bei Gefahr musste man sich auf den Boden legen, unter sie. Eine Bombe könnte das Sandsackhaus vernichten, doch nur wenn es zum direkten Ziel würde.

»Wir bauten diese Häuschen und selbst noch größere, vor allem auf dem Land, wohin viele flüchteten.«

Er selbst habe einige Monate mit seiner Familie in einem solchen Unterschlupf gelebt.

»Er wurde aus der Not geboren, aber er wurde für uns zum Lebensanker.«

Das Wort hatte ihm der Pfarrer aufgeschrieben, für die Präsentation.

»Sie fragen sich jetzt bestimmt, was Herr Dörpinghaus und ich ihnen vorschlagen möchten.«

Der Architekt blickte fragend zum Pfarrer hin, ob er nicht aufstehe und zu ihm käme. Er nickte nur und blieb entspannt sitzen.

»Die Häuschen lassen sich mit Mörtel verkleiden, so dass kleine, weiße Hütten entstehen.«

Eine Steinwüste schien im Gegenlicht auf, wie bei Sonnenaufgang. Im Vordergrund standen sechs solcher Häuschen, zueinander ausgerichtet, im Kreis, leicht geschützt von der hügeligen Umgebung.

»Das war unser Dorf.«

»Das ist sehr schön«, sagte die Dame.

»Ja, nicht wahr?«

Wie Steinhütten passten sich die Häuser in die Landschaft ein, ins kontrastreiche Schwarz-Weiß der Fotografie.

»Wir würden gern einen Lebensanker, ein solches Häuschen, hier bei ihnen errichten.«

Einige Ratsmitglieder spannten den Rücken, als müssten sie Haltung annehmen.

»Was meinen Sie damit?«, fragte ein älterer Herr.

»Das Häuschen, weiß verkleidet, könnte als Andachtsraum dienen, in ihrer Stadt. Auf dem Spielplatz im Park treffen sich alle möglichen Leute, meine Kinder haben dort andere Kinder kennengelernt, Eltern kommen ins Gespräch. Warum nicht im Park auch einen solchen, kleinen Andachtsraum schaffen, als Ort der Besinnung, der Begegnung, im Verweis auf seine Herkunft, mit Blick in eine neue Zukunft, für die Zugezogenen und die Einheimischen genauso. Was meinen sie?«

»Und wer soll das bezahlen?«

Die Dame drehte sich verärgert zu dem Herrn um.

»Wer hat uns in Syrien bezahlt?«, fragte der Architekt zurück und gab sofort die Antwort: »Niemand natürlich. Wenn sie auf Selbsthilfe angewiesen sind, dann suchen sie keinen Auftraggeber. Dann machen sie es selbst. Ich und meine Familie und viele, mit denen wir in ihrem Kreis Zuflucht gefunden haben, wir sind ihnen dafür sehr dankbar. Ich arbeite mittlerweile, zwar nicht als Architekt, aber wir kommen zurecht. Darum geht es nicht. Ich bin nicht hier, um ihnen ein Projekt zu verkaufen. Ich möchte sie fragen, ob sie Herrn Dörpinghaus und mich dabei unterstützen würden, diesen gemeinsamen Andachtsraum im Park zu schaffen? In ihrer Gemeinde zu bewerben? Damit wir eine breite Basis in der Bevölkerung finden und auf die Art auch den Stadtrat überzeugen können.«

Ein Mann vom anderen Ende des langen Sitzungstisches räusperte sich, nahm einen Schluck Wasser, setzte das Glas vorsichtig ab, als wüsste er immer noch nicht, wie er es sagen sollte.

»Und auf welche Art, meinen sie, sollten sich die Leute hier zu ihrem Ort eingeladen fühlen?«

Der Architekt stutzte. Was sollte diese umständliche Formulierung? Worauf wollte der Mann hinaus?

»Sie sind bei uns willkommen, wir haben zwei Kirchen vor Ort, die Stadt hat zahlreiche Einrichtungen, es gibt das Jugendheim – wir haben viele Möglichkeiten, uns zu begegnen. Bei uns.«

Da schaltete sich der Pfarrer ein.

»Warum streichen sie das so heraus? Die Menschen sind hier, das verändert ihr und unser Leben, und wäre es nicht wunderbar, das sichtbar zu machen, anzugehen, indem wir unserem Leben etwas hinzufügen, was auch anderen hilft, sich weniger fremd zu fühlen? Ein solcher Andachtsraum kann doch niemandem schaden.«

»Würde er denn nicht als ein muslimischer Ort wahrgenommen, wenn in ihrem Andachtsraum plötzlich jemand gen Mekka betet?«

»Warum sollte denn jemand diesen Raum religiös verstehen?«

»Verstehen sie mich bitte richtig, ich selbst möchte niemandem Vorurteile unterstellen. Aber ich lebe auch nicht auf dem Mond. Und ich möchte nicht sehen, wie ihr Andachtsraum mit Hassparolen beschmiert wird.«

»Haben sie etwa Angst vor solchen Parolen?«

Der Pastor schaltete das Licht an und stellte den Projektor ab, verstört blickte der Architekt in die Runde. Die Dame sagte nichts. Das hatte er sich nicht vorstellen können. Dass ein Andachtsraum die Sorgen und Ängste von Gläubigen wecken könnte. Frau Muchow, die protokollierte, legte ihr Blatt zur Seite und fragte alle in der Runde: »Musste denn nie jemand aus ihrer Familie fliehen?«

Der ältere Herr wirkte kurz abwesend, eine Frau schenkte dem Hinterbänkler Wasser nach.

»Meine Großeltern sind damals aus Böhmen geflüchtet«, sagte der Pastor.

Das wusste kaum jemand in der Gemeinde.

»Der Lebensanker scheint mir ein starkes Symbol. Man sollte das Häuschen so nennen. Die Kinder werden es lieben.«

Und so beendete er die Sitzung und bat seinen Kollegen und den Architekten noch ein wenig zu bleiben.

*

Die Gruppe der Messdienerinnen und Messdiener war sehr klein, mal kamen ein, zwei zum Treffen jede Woche, mal vier, es mochte derart viele Gründe für die geringe Beteiligung geben, dass er kaum darüber nachdachte. Während in seiner Kindheit die Kirche sonntags voll gewesen war, hatte sich seine eigene Generation von ihr abgewandt, dünnte sich die Schar der Älteren aus und fragten sie sich vielleicht, was sie eigentlich falsch gemacht hatte. Die Kirche als Institution hatte enorm viel falsch gemacht – nicht nur wurden die naheliegendsten Vorurteile über und über bestätigt, dass alleinlebenden Priestern nicht zu vertrauen sei, sie übergriffig würden, der Mantel des Schweigens sie schütze, die Opfer verstoße; nicht nur, dass ihre Männerwirtschaft bis zum Vatikan unglaubwürdig geworden war, für Frauen, die oft als einzige das Leben in den Gemeinden noch irgendwie positiv zu gestalten versuchten; dass Heiligenbildchen kein Kind mehr beeindruckten, das mit dem iPhone aufwächst; ihr ganzes Weltbild durchspült wurde von der Aufklärung, Moderne, vom Wettbewerb, Kapitalismus, technischen Erneuerungen, die alles Menschliche in Bits und Bytes speisten, beschleunigten, global vernetzten, relativierten, jede Einheitlichkeit zerstreuten, jeden Anspruch daran unterwanderten. Das alles mussten keine Argumente gegen den Glauben sein, gegen ein Leben im Glauben – doch sie brauchten Antworten im Glauben, statt Ausflüchte, Beschwichtigungen, fromme Sprüche, überhebliches Geschwenke mit heiligem Silber. Die Kirche brauchte Reformen, und der synodale Weg oder die Frauenbewegung waren zumindest Versuche dazu. Auch in seiner Gemeinde hatten sich Frauen *Maria 2.0* angeschlossen, hatten sie gestreikt. Nur war es den fehlenden Männern gar nicht aufgefallen, und die wenigen die überhaupt kamen, unterstützten sie sowieso. Der Papst mochte Franziskus heißen, doch er konnte kein Bettelmönch sein, stand dem katholischen Reichtum vor, blieb Teil des Problems. Der Abt in dem Film, gespielt von Bruno Ganz, er hatte den Pastor begeistert – in seinem Zweifeln, Zuhören, Abwägen, und zugleich seinem Festhalten an wichtigsten, christlichen Grundsätzen, inmitten einer von Krisen geschüttelten, modernen Welt. Er hatte etwas Karges, Strenges bekommen, in der einsamen Bergwelt, in einem schmucklosen Kloster, wo nur die Kapelle und der Versammlungsraum der Mönche etwas vom Glanz der eigenen Institution, Verbindung erkennen ließen. Einen solchen Abt hatte es seit Jahrhunderten gegeben, seit den frühesten Ordensgemeinschaften. Was ihn noch immer in seinem Handeln bestimmen mochte, war das Schisma, ein Mensch zu sein, zwischen seinem Tun und dessen Folgen, seinen Wünschen und seinen Nächsten, unlösbar in die Zeiten verstrickt, über Generationen, Länder, Dinge, die man nicht in der Hand hat und zu denen man sich verhalten muss, angesichts derer man sich entscheiden muss, und das auf welche Art, nach welchen Vorstellungen, Regeln, Gesetzen? Füreinander da zu sein, ist kein durch die Moderne gelöstes, überkommenes Problem; einander gut zu tun, kein von der Wirtschaft, Technik, Politik geregeltes Bedürfnis. Im Gegenteil. Das 20. Jahrhundert war abgründiger als jedes davor. Es ging ihm nicht um Argumente. Es gab gute Gründe, den Glauben zu verlieren, gute spirituelle Gründe, sich nie auf einen Gottesglauben einzulassen. Das änderte nichts an dem menschlichen Schisma, das jede und jeden durchzieht, wozu ein jedes Leben sich selbst finden muss, als Bestimmung, gewähltes Schicksal.

Heute kamen nur zwei zum Treffen, der Junge mit den gefärbten Haaren und ein Mädchen, das im vergangenen Jahr zur Erstkommunion gegangen war – Andi und Katja. Andi spielte auch in der Gitarrengruppe der Pfarrei, die hatte etwas mehr Erfolg bei den verbliebenen Kindern und Jugendlichen. Die erste halbe Stunde ihres Messdienertreffs spielten oder machten sie etwas zusammen und dann sprachen sie über eine Bibelstelle, ein Zitat aus einem Buch, die aktuellen Nachrichten. Katja hatte den Pastor vom Backen überzeugt, und so kneteten sie in seiner Küche den Teig, formten Plätzchen und ließen sie im Ofen knusprig werden. *Plätzchen im Sommer, und dazu bei der Hitze!* Ihre Freundin hatte nur mit dem Kopf geschüttelt, als sie ihr davon erzählte. Aber ihr und Andi und dem Pastor war es an diesem Nachmittag egal. Sie saßen auf der Terrasse des Pfarramtes, der Duft aus der Küche zog ganz leicht nach draußen, und während auf der Hauptstraße der Feierabendverkehr vorbeiströmte, ließen sie sich die eisfachkalte, mit Minze und Limette selbst angerührte Limonade schmecken.

»Worüber sollen wir heute reden?«

Die beiden wussten, dass der Pastor etwas zur Auswahl vorbereitet hatte, doch genauso ließ er auch ihnen gern den Vortritt. Einmal hatte Katja ihre Fantasy-Bücher mitgebracht, einmal antike Heldensagen als Action-Geschichte in New York. Andi las wenig. Oder nicht? *Was ist das, Shakespeare?* So hatte er den Pastor aufgezogen, oder der ihn. Sie konnten über Literatur ihre Späße machen. Vielleicht wollte er aber auch darüber sprechen?

»Was lest ihr denn gerade?«

»Einen Comic über Anne Frank.« Den hatte Katja zum Geburtstag bekommen.

»Aha. Und, wie weit bist du schon?«

»Noch ganz am Anfang, aber sie mussten sich schon verstecken.«

»Und du, Andi?«

»Im Moment eigentlich nichts.«

»Und was hast du zuletzt gelesen?«

»Oh, da fragen sie mich was!«

»Wie man Haare färbt!« Katja grinste ihn an.

»Dazu braucht man doch kein Buch!«

»Wozu braucht man denn ein Buch?«, hakte der Pastor nach.

»Na, um Geschichten zu erzählen.«

»Ich lese gerade ein Buch, in dem überhaupt keine Geschichten erzählt werden.«

»Sie meinen das, was sie auf der Wiese dabei hatten?«

»Genau.«

»Und was ist das?«

»Ein Text darin handelt von einem Spiel. Ihr müsst euch das so vorstellen: Das Spielfeld ist ein großer Kreis, und darin, immer kleiner werdend, bis zur Mitte, acht weitere Kreise. Mit einer Kugel muss man versuchen, sie so zu werfen, dass sie in der Mitte liegen bleibt.«

»Einfach.«

»Angeber.«

»Natürlich gibt es eine Schwierigkeit: Die Kugel ist nicht im Ganzen rund, sondern nur zu zwei Dritteln – das restliche Drittel ist eine Ausbeulung, ebenfalls rund, aber genau entgegensetzt der Oberfläche von der Kugel. Am besten, wir zeichnen sie kurz auf. Magst du sie zeichnen, Katja?«

Der Plätzchenduft inspirierte sie zu einer fast fehlerfreien Kugel, konkav um ein Drittel eingebuchtet.

»Mit der ist es natürlich nicht so leicht.«

»Die springt doch wie verrückt über die Kreise!«

»Beim Handball haben wir mal auf unebenem Rasen gespielt, und da wurde der Ball auch in alle möglichen Richtungen abgefälscht.«

»Und, haben sie das Spiel schonmal gemacht?«

»Nein, aber ich stelle es mir sehr lustig vor. Man muss den Zufall überlisten, durch eine geschickte Wurftechnik – und schafft es vermutlich doch nie.«

»Warum braucht man denn so viele Kreise?«

»Im Ganzen sind es neun. Der sich das Spiel ausgedacht hat, war Kardinal gewesen, im Mittelalter. Und er war ein Philosoph. Von Kues wurde er genannt, Nikolaus mit Vornamen. Der Nikolaus in der Adventszeit war ja auch ein Bischof.«

»Und warum neun?«

»Die Zahl neun steht für Vollkommenheit. Sie enthält dreimal die Drei, Zahl der göttlichen Dreieinigkeit, von Gott, Jesus und dem Heiligen Geist, ist also selbst eine Dreieinigkeit von Dreieinigkeit.«

Andi stöhnte.

»Wir könnten das Spiel ja mal ausprobieren«, meinte Katja.

»Und wo bekommen wir so eine Kugel her?«

»Ich könnte versuchen, eine zu basteln.«

»Naja, die Kugel muss klein und handlich sein und zugleich schwer, damit sie gut rollt – oder besser gesagt, eiert.«

»Wir können sie aus Eierbechern machen!«

Der Pastor schmunzelte, hatte aber einen besseren Vorschlag: »Ich weiß, wo man mit so einer Kugel spielen kann. In Kues an der Mosel, im Geburtshaus des Philosophen. Wenn ihr Lust habt, könnten wir dorthin einen Ausflug machen. Man fährt ungefähr zwei Stunden, das geht doch, oder? Wir könnten am Sonntag nach der Messe losfahren und vor Ort etwas essen. Was meint ihr?«

Katja und Andi freuten sich schon aufs Essen.

*

Diesmal kam er nicht schleichend, zögerlich herein. Der Pastor erkannte ihn durch sein Gitterfensterchen sofort, wie er leicht heruntergekommen zu den Bänken ging, sich setzte. Er musste nicht warten, er könnte gleich zu ihm kommen. Doch er kam nicht, legte die Hände in den Schoß. Ob er zitterte? Die dunkelblonden Haare fielen ihm dicht in den Nacken, über den Kragen der Jacke. Der Pastor trat aus dem Beichtstuhl, nun ohne Maske.

»Wenn sie wollen, können sie gern kommen.«

»Wissen sie, wie lang ich nicht mehr in dieser Kirche war?«

»Nein.«

»Fast dreißig Jahre.«

»Dann müssen Sie meinen Vorgänger gekannt haben, Pastor Hettich.«

»Ja.«

Weiter sagte er nichts.

»Möchten sie sich aussprechen? Oder beichten? Wir können auch hier reden.«

»Ich weiß nicht.«

Der Pastor setzte sich in die Nebenbank, mit dem seit der Pandemie gebotenen Abstand.

»Es hat sich nichts verändert.«

Ja, das helle Kreuz über dem Altar hing dort seit der Einweihung der Kirche nach dem Krieg. Der Tabernakel stand links in der Ecke. Das Licht schien durch die Glaswand in den Altarraum. Ein stiller, ruhiger Anblick. Keine barocken Wandmalereien, kein Gold und *Lametta,* überbordender Schmuck und Glanz.

»Manchmal bin ich dort auch eingezogen, mit den Messdienern.«

»Warum nur – manchmal?«

»Sie werden es kaum glauben, aber mir schmeckte die Hostie nicht.«

Sein Gesicht verzog sich wieder zu einem Grinsen.

»Wie kommen sie denn jetzt darauf?«

»Ich passte nicht in diese Scheinwelt, diese Wichtigtuerei. Ich kannte die Gebete wie alle anderen, aber irgendetwas störte den Pastor. Und dann nahm ich bei der Erstkommunion die Hostie wieder aus dem Mund und sagte zu ihm, *das mag ich nicht,* und er schaute mich entgeistert an, als hätte er endlich den Beweis, dass ich wirklich zu nichts tauge. Nach einigen Wochen hatte ich keine Lust mehr. Und meine Karriere als Messdiener war beendet.«

»Und warum erzählen sie mir das jetzt?«

»Ich habe die Wohnung meiner Eltern aufgelöst, in dem alten Postgebäude. Sie haben meine Kinderbibel bewahrt, Fotos, als ich ein kleiner Fratz war. Mein Bruder hing mit den coolen Typen am Brunnen ab, mein Vater konnte sich selbst kaum ertragen. Meine Mutter stand in der Küche, einer kleinen Küchenzeile, als suche sie Schutz. Als könnte sie mich da beschützen. *Komm zu mir, mein Junge. Wie war es in der Schule?* Scheiße war es in der Schule, und ich hasse euch dafür, dass ich in dieser Bude lebe, dass mein Bruder nur weg ist, dass Papa seinen Frust an uns auslässt, dass ich keine neuen Turnschuhe habe, wie alle in der Klasse, die bewundert werden, sich selbst hochjubeln. Dabei will ich mich gar nicht bemitleiden. Die ganze Wohnung ist entsorgt, auf dem Müll. Es ging so einfach. Ein großer Wagen, mein Bruder und ich, zwei Fuhren zur Deponie, fertig. Ein Bier drauf, und Schluss. *Sollen wir noch was essen? Du, ich muss gleich los. Na dann.* Sense, Ausverkauf, Laden dicht. Schlüsselübergabe.«

»Waren sie nur für die Wohnungsauflösung in der Gegend?«

»Nein, ich habe selbst ein Haus, nicht weit von hier.«

Er schwitzte.

»Ziehen sie ruhig die Jacke aus, wenn sie möchten.«

Der Schweiß roch nach Alkohol, selbst auf die Entfernung.

»Wann sind ihre Eltern gestorben?«

»Meine Mutter ist schon lange tot. Das war noch zu Hettichs Zeiten. Und mein Vater hatte mit der Kirche nie was am Hut. Deshalb haben wir uns auch nicht gemeldet. Was sollten wir hier stehen und so tun als ob. Er liegt in einem Friedwald, das lief alles über die Stadt.«

»Und jetzt sind sie hier.«

Das gefiel ihm nicht, dass der Pastor so tat, als hätte er ihn durchschaut, erkannt, als wäre er ihm auf auch nur irgendeine Weise nah. Und er ärgerte sich über sich selbst, wurde rot im Gesicht, beugte sich nach vorn.

»Wenn wir in einer Kneipe wären, würde ich ihnen gern etwas anbieten«, meinte der Pastor.

Da musste er lachen. Lauthals lachen und lief hinaus.

War er nicht selbst eine verkrachte Existenz? Er konnte himmelhochjauchzend im Gras liegen – und zugleich die Wut, den Frust des Mannes verstehen, der sich wider Erwarten eines Tages in seiner alten Kirche wiederfand. Vielleicht hatte ihn nur das eigene Elternhaus davor bewahrt, völlig schwarz zu sehen. Er erinnerte sich gut daran, wie ihm als Jugendlichem keine einzige Familie eingefallen wäre, die irgendwie glücklich, erstrebenswert, als ein Vorbild erschien. Wenn er bei seinen Freunden zuhause war, dann begrüßten ihn nie die Eltern als Paar, waren sie stets losgelöst voneinander unterwegs, huschte der Vater vorbei ins Wohnzimmer, kam die Mutter gerade aus dem Keller, ging der Vater hinaus in den Garten, winkte die Mutter aus dem Hintergrund der Küche. Eltern waren *da,* im besten Fall. Bestände im Haus der Gegenstände, Wesen, die mit Bankkrediten rechneten, Autos in die Werkstatt brachten, Urlaube planten, sich betrinken durften. In der Regel überfordert vom Alltag. Natürlich gab es Ausnahmen. Dass eine Nachbarin nach dem Fegen der Terrasse auf der Bank vor dem Haus sich ausruhte, genussvoll über die Blumen und Sträucher sah, sich die Sonne ins Gesicht scheinen ließ; oder dass ein Vater spätabends lustig singend die Straße entlang geschlendert kam, nach der Kegelpartie. Ausnahmen, Schmetterlingsflüge, Zitronenfalter, Glühwürmchen, Epiphanien, ungläubig fast nahm er sie wahr, freute sich an ihnen, staunte, dass es sie gab. Die leichten Augenblicke. Sie suchte er im Glauben. In der Erfahrung der Welt. Nicht das Jammertal. Und während andere diese Leichtigkeit in der Liebe füreinander zu finden glaubten, vielleicht auch fanden, blieb er scheu, abseits, ungreifbar. Und ungeschickt. Endlich ging eine Mitschülerin mit ihm spazieren, die er schon lange im Blick hatte, doch all sein Reden schnürte ihn ein, entfremdete ihn von ihr, schien ihr unpassend, übertrieben, bis er Dinge sagte, die er selbst nicht glaubte, Sehnsucht suchte, mit der er sich selbst und ihr nur etwas vormachte. Er war ein Einzelgänger, Bücherwurm. Vor einem Spiegel verblasste er selbst. Er sah verliebte Paare vorüberspazieren, hörte Jungs an der Bushaltestelle prahlen: *Boah, die Zalewski, die hat genommen!* Als wäre sie eine Spinne gewesen, die den dürren Kerl bis in seine Geschlechtsorgane ausgesaugt hätte. Lust um der Lust willen erschien ihm nur schal, Lust um der Liebe willen hätte er sich gewünscht, manchmal, doch wollte er wie diese Eltern werden? Oder wollte er selbstverliebt mit allem brechen? Hatte der Apostel Paulus nicht recht, wenn er die Ehelosigkeit pries, nicht um seiner selbst willen, sondern in der vertrauensvollen Gemeinschaft mit anderen, nicht um der eigenen Lust willen, vielmehr für das gemeinsame Wohl? Mönche, Nonnen mochten danach leben, versuchen zu leben. Jesus ließ die Kinder zu sich kommen, und fand doch selbst keinen Frieden mit seiner Herkunft, kein Einvernehmen mit seinen leiblichen Brüdern, deren Vorrecht er verleugnete, um allen Menschen ein Bruder zu sein, die Menschenfamilie geeint zu sehen. Das Sakrament der Ehe, es wirkte wie ein Zugeständnis, ein Riegel vor ungezügelter Lust, männlicher Begierde, Vertrauensbrüchen, falschen Versprechungen. *Nicht der Mann verfügt über seinen Leib, sondern die Frau. Nicht die Frau verfügt über ihren Leib, sondern der Mann.* Die völlige Überantwortung forderte Paulus in der Ehe. Jeden Exzess in der Verschließung miteinander zu ersticken. Waren das nicht Vorstellungen aus archaischen Zeiten? Zwangsvorstellungen, gepaart mit der uneingestandenen Lust am Zwang?

Die Sexualmoral war überkommen, das war ihm längst bewusst. Pfarrer Dörpinghaus war als evangelischer Priester seit über zwanzig Jahren verheiratet, tatsächlich mit seiner ersten Jugendliebe – seit sie sechzehn waren liebten sie sich, blieben sie zusammen, ohne dass es ihrem Glauben, ihren Nächsten, ihrem Engagement geschadet hätte, im Gegenteil. So ein streitbares, leidenschaftliches, sich freundschaftlich ergänzendes, kritisches Paar war ihm in seiner Umgebung früher nicht begegnet. Da stand die gesamte Marx-Engels-Ausgabe aus der DDR im Schrank, wurden Wunder als Überwindung sozialer Hemmnisse verstanden – nicht Jesus hatte Tausende von Broten gezaubert, als alle in der Einöde hungrig waren, vielmehr hatte sein Zeichen, das Brot zu teilen, alle ermutigt, vom selbst Mitgebrachten etwas abzugeben, so dass sie am Ende im Überfluss hatten, was im Festhalten an Privatbesitz nur zu Verschweigen und Vertuschen führte, dem Erlöschen gemeinsamer Teilhabe. Die Klarheit, welche die beiden für sich gefunden hatten, bewunderte er, und dennoch war sie ihm fremd. Fremd geblieben. Weil er sie nie als Möglichkeit für sich gesehen hatte? Er in das Schisma seiner Kirche gebannt war, sich vor die Entscheidung gestellt zu sehen: ein Leben als Mönch oder als Ehemann? Der Verzicht auf eigene Kinder war ihm immer viel schwerer erschienen als der Verzicht auf die Ehe. Als Kind und Jugendlicher war er selbstverständlich mit jedem in seinem Alter solidarisch gewesen, in welchen verqueren Verhältnissen die Anderen auch aufwuchsen, sich beweisen mussten, sich finden, wie sehr sie auch Teil davon waren, die Anspannungen der Eltern in die eigene Freundschaft trugen und mutwillig zerstörten, was man gerade erst zusammen gebaut hatte. Kinder konnten nichts für ihre Eltern, waren ihnen ausgeliefert. Dass er selbst nie ein Vater sein würde, es nicht versuchen könnte, ein besserer Vater zu sein, bedeutete zugleich, dass er seine ambivalenten Gefühle zur Ehe nie lösen konnte, sie nach wie vor zwiespältig betrachtete, und das wie eine Verteidigung fast seines eigenen Verzichts. Kein Wunder, dass aus der Gemeinde sich kaum jemand an ihn mit Eheproblemen wandte.

IV

Nachdem der Pastor die letzten Gemeindemitglieder an der Kirchentür verabschiedet hatte, ging er zurück in die Sakristei, zog sich um, schaute, ob er alles gut abgeschlossen hatte – seinen eigenen Umkleideraum, den der Messdiener, die Tür zum Altarraum – und hielt kurz inne. Das Sonnenlicht sprenkelte durch die Blätter der Bäume ins Kirchenschiff, eine Woge bunt schillernder Glasmalkunst. Immer wieder genoss er diese Lichtorgel, wenn die Sonne hoch am Himmel stand, wie jetzt, am späten Vormittag, und die Bewölkung nicht zu stark war, so dass einzelne Strahlen leichte Farbtupfer spielten, Strahlenreihen Akkorde erklingen ließen, die allumfassende Sonnenpracht die Fenster in ein Lichtbad tauchte, mit dem das Schiff zu fahren schien, wenn die Gemeinde – inzwischen auf Abstand untereinander – zum Abschluss der Messe hymnisch sang (und waren es nur die alten, durchaus geübten Stimmen, die es auf Kurs hielten). *Gro-ßer Go-ott,– wir lo-o-ben dich –*, die Melodie und ihr Aufschwingen hallte noch in ihm nach, das gemeinsame Singen, mit dem ortsansässigen Schuhhändler hinter der Orgel versteckt, wie er aus allen Pfeifen blies, mit Händen und Füßen sich steigerte, die feierliche Wucht der Musik zu entfalten; bevor es tags darauf wieder ins Geschäft gehen würde, die Kunden freundlich zu bedienen, den Schuhschlüpfer zu reichen, sich an der Kasse für den Einkauf zu bedanken und rundum Händler zu sein, während er hier im Tempel das Alles hinter sich lassen konnte, Mensch sein durfte, mit Gefühlen, die selbst seiner Frau fremd waren, wenn sie unter der Empore den Blick im eigenen Schoß versenkte, in gläubiger Haltung, erst aufschauend, als es vorbei war und der Pastor den Segen sprach.

Katja und Andi warteten schon am Auto. Sie hatte ihre gebatikte Umhängetasche dabei, er trug seinen buntscheckigen Haarschopf (ein gleichmäßiges Färben war ihm beim ersten Mal nicht gelungen, so schimmerte sein Kopf rötlich, mit orangeblonden Strähnchen im Nacken).

»Darf ich vorne sitzen?«

»Wenn Katja damit einverstanden ist?«

Es schien ihr sogar lieber, sie breitete ihre Tasche auf dem Rücksitz neben sich aus, das Smartphone klackerte an ihre Stricknadeln, zwei Wollknäuel wurden zurecht gelegt, für sie konnte die Fahrt beginnen.

Nach einer Weile auf der Autobahn fragte Andi, ob er sein Smartphone an die Anlage im Auto anschließen dürfe, er wolle den beiden gern etwas vorspielen, ein Stück, das er in der Gitarrengruppe vorschlagen möchte. Der Pastor nickte ermunternd, während Katja sich auf das, ihrer Erfahrung nach, Schlimmste gefasst machte. Schlaggitarre, ein dezent treibender Beat darunter, und dann die locker auflebende Stimme eines wohl amerikanischen Sängers, der ein Credo anstimmte, wie es der Pastor seit *My Sweet Lord* von George Harrison nicht mehr gehört hatte. *Oh Jesus, I love you, and I love Buddha, too, Ramakrishna, Guru Dev, Tao Te Ching and Mohammed* – der Pastor schluckte, doch die Musik war mitreißend, das würde ein Hit in der Gemeinde, da hatte Andi recht. Nur, was wurde da eigentlich gesungen? *Why do some people say that there is just one way, to love you God and come to you, we are all a part of you, alright.* Alright, alles klar, während im Hintergrund der schwelgende Gesang begann, *I – love – you – Jesus.* Der Pastor sagte nichts, lächelte Andi zu, und dachte bei sich: *Eigentlich gar nicht so dumm. Was der Sänger da meint, daran glaubte auch der Kardinal – dass alle Religionen nur Facetten der einen Gotteskraft sind.* Die eine Kraft, wie sollte er sie noch beschreiben? Wie konnte er weiter an sie glauben? Der Zweifel gehörte zum Glauben, wenn er nicht an ihm zerbricht. Er hatte ihn sich bewahrt, sein Leben danach eingerichtet. Und jetzt teilte dieser Junge mit ihm die gleiche Leidenschaft, die ihn ebenso begeistert hatte, eine unbändige Freude erleben zu wollen, keinen endlosen Aschermittwoch. Und langsam, verhalten, stimmte der Pastor mit ein in den Hintergrundgesang, summte und öffnete die Lippen, zum leichten, schwebenden *I – love – you – Jesus.* Andi klopfte den Rhythmus auf seinen Schenkeln, und Katja strickte im Takt.

Die Fahrt dauerte etwas länger als erwartet, doch dort, wo sie ankamen, herrschte reger Betrieb, boten die Restaurants durchgehend warme Küche an, strömten die Besucher über die Kopfsteinpflaster, mit Hund und Rollator, als wären die steigenden Infektionszahlen nur Augenwischerei. Man trug Maske oder nicht, und gab missmutig oder bereitwillig die eigenen Kontaktangaben in den Gaststätten an, für den Fall der Fälle. Bernkastel an der Mosel war eine heimelige Bilderbuchstadt für Weinliebhaber und Modelleisenbahner, mit alten, schiefen, schmuck restaurierten Fachwerkhäusern, Geschäften für Mitbringsel und edle Tropfen, ein Ort ewiger Wiederkehr der fünfziger Jahre, wie er in Heimatfilmen von den Großeltern der heute Alten besungen wurde und wo sie das Lied der Nostalgie fortklingen lassen, auf Schiffstouren, vor Eiscafés, im Wirtshaus, an der Promenade. Ein Pastor mit scheckigem Jugendlichen fiel in der Masse sofort auf, Katja war es peinlich, wie sich die Blicke auf sie richteten, kleine Augen hinter goldumrandeten Brillengestellen, überrascht, interessiert, irritiert, je nachdem, was in den Köpfen der erfahrenen Ausflüglerinnen und Trinkgefährten sich abspielen mochte – Überblendungen von Erinnerung und Wirklichkeit, Erkennen von Gesichtern in Gesichtern, die nichts miteinander zu tun haben; *der sieht dem Wilhelm ähnlich,* auch wurde Wilhelm nie so alt. Die drei suchten sich ein Restaurant etwas abseits vom Trubel, in einer schattigen Seitengasse. Die Fenster standen weit offen, einige Tische waren wieder frei, die meisten machten sich um die Zeit bereits auf die Suche nach einem Platz fürs Kaffeetrinken in einem charmanten Café, einer Konditorei.

»Bestellt, worauf ihr Lust habt, ihr seid eingeladen.«

Katja hatte schnell gewählt, zumindest gab es überhaupt ein vegetarisches Gericht, das würde sie nehmen. In all seinem Bedürfnis nach ethischem Verantwortungsbewusstsein fühlte Andi sich gedrängt, begründen zu müssen, warum er doch das Schweineschnitzel bestellen wollte; der Pastor winkte ab, *lass es gut sein, wenn dir heute danach ist, dann gönn es dir.* Katja war damit nicht einverstanden, wollte aber die Stimmung nicht verderben. Es war ihr sowieso klar, dass Andi noch eine ziemlich zwielichtige Phase durchmachte, schwankte zwischen Empfindsamkeit und starkem Mann, ehrlicher Dankbarkeit und Selbstbeweihräucherung, was für ein toller Gitarrist er doch werden wird, auf der Bühne aufzutreten, das war sein Traum. Ob ihm der Text von Mason Jennings – sie hatte sich den Namen des Sängers unfreiwillig doch gemerkt – überhaupt so wichtig war? Hätte es nicht auch Schubidubidubidu sein können? Sie konnte es nur schwer einschätzen, es war ihr im Grunde auch egal, die Pubertät schien ein weites Feld weitverzwickter Wege zu sein, ein Irrgarten unwägbarer Veränderungen, die sie fast eher abschreckten, wenn sie beobachtete, wie Mädchen auf einmal vor Jungs posierten, als könnten sie sich nicht besser um sich selbst kümmern, gemeinsam losziehen und Spaß ohne blöde Kommentare von Angebern haben.

Nach dem Essen schlängelten sie sich durch die engen Gassen zur Brücke über die Mosel. Über der Mitte des Flusses blieb Andi stehen.

»Wenn nicht so viele Menschen hier wären, könnte es richtig schön sein.«

Katja schaute ihn streng an: »Das hört doch jeder.«

»Na und?«

Andi hatte recht, sie waren im Hochsommer in der Stadt, der Tourismus florierte, man stand sich regelrecht auf den Füßen. Der Pastor wusste allerdings, dass sie bald unter sich sein würden. Schon am anderen Ufer, in Kues, wurde es ruhiger, obwohl dort die schönere Promenade lag, mit Wiesen, hohen, schattenspendenden Bäumen. Ein zu weiter, beschwerlicher Weg für viele der Gäste, die wenigen hundert Meter, mit steiler Steintreppe von der Brücke hinab auf die Ebene am Fluss, der erfrischend dahinzog, das Tal belebte, in seiner unaufhörlichen Bewegung nährte, den Boden für die Weinhänge, die Zirkulation mit Wind und Wetter – der Pastor liebte die mild aufsteigenden Hügel, die Offenheit, die sich damit entfaltete. Der starke Strom des Rheins hatte nie diese Wirkung auf ihn, steiler eingefasst in die Hänge oder rascher entlassen in größere Weite, so sehr er ihn auch mochte. Diese Windungen im Moseltal waren lieblich, ruhig, heiter. Sie machten Lust auf Spaziergänge, Erkundungen, versprachen auf jeder Höhe Orte der Besinnung, des ausschweifenden Blicks, der Freude am Eingebundensein in dieses blühende Relief der Landschaft.

»Hier ist es.«

Sie waren gerade erst um die Ecke gekommen, da stand vor ihnen eine Mischung aus Burg und Haus, ein Gebäude, ungleich älter als alle anderen Häuser, die sie bislang gesehen hatten. Zur Hauptstraße hin schien die Fassade statt eines Giebels den Abschluss einer Burgmauer zu haben, mit einer Kette aus kleinen, halbrunden Bögen unter den breiten Zinnen. Sie waren mit erdroter Farbe bedeckt, darunter mit einer Schicht Ocker bemalt, als Übergang zum Weiß der Hauswände. Die Mischung aus Rot und Ocker zierte auch die Halbbögen, während das Erdrot allein die steinernen Ränder und Kreuze der Fenster hervorhob sowie den Türeingang im Erdgeschoss. Ein Fenster lag dort zu seiner Linken, zwei zu seiner Rechten, darüber, in einer Reihe, vier weitere Fenster. Die Wehrhaftigkeit der Zinnen schien nur Aufsatz, zeigte die Fassade mit ihren sieben Fenstern doch eine große Offenheit. Ganz rechts oben an den Zinnen prangte ein natursteinbelassenes Wappen in seiner komfortablen Nische, wieder im roten Ton gefasst. Zur Seitenstraße hin wich die Gleichmäßigkeit der Front einigen Akzenten – so befand sich auf der Höhe der Passanten an einem Mauerzusatz eine überdachte Gebetsnische mit Marienstatue, führte der Zusatz weiter in die Höhe, direkt an den Schornstein anliegend, der rechts davon über der Mauer aufragte, ergänzt an ihrer rechten Ecke um einen Turm, auf dem ein rundes, spitz zulaufendes Dachhütchen über dem eckigen, breiten Dach des Hauses selbst thronte, den Ausblick betonte.

»Das ist das Geburtshaus des Nikolaus von Kues.«

»Krass«, meinte Andi.

»Warum denn das?«, forderte Katja ihn heraus.

»Hast du so eine Mischung aus Burg und Haus irgendwo schonmal gesehen?«

»Sein Vater war Schiffer und Kaufmann gewesen, der viel Handel mit dem Adel in Trier und in der Eifel betrieb. Die Mosel rauf und runter vertrieb er seine Waren, bestimmt jede Menge Wein und andere Leckereien. Das Klima war hier schon für die Römer günstig. Aber Nikolaus wird so seine Probleme mit dem Leben seines Vaters gehabt haben. Einmal schrieb er, die Reichen würden ihre Habgier immer mit ihren Kindern begründen, dass die es einmal besser haben. Dabei wäre es nur ihre eigene Gier. Nikolaus ging jedenfalls von hier weg. Aber er hat die Stadt nie aus den Augen verloren. Sein Herz liegt hier begraben, das wollte er so.«

»Wo denn?«

»In der Kapelle eines Krankenhauses. Er hatte es selbst als Kardinal gestiftet. Und auch wenn es wenige Jahre vor seinem Tod eröffnet wurde, er konnte es leider nicht mehr selbst besuchen, er war in Italien zu der Zeit. Es liegt auf der anderen Seite der Brücke am Flussufer in Kues, ihr habt es beim Hinübergehen gesehen, der große, weiße Bau mit der Kirche.«

»Es gab im Mittelalter Krankenhäuser?«

»Es gab sogar Universitäten. Kommt, lasst uns reingehen.«

Im Haus war nur die erste Etage zu besichtigen, ein einziger, großer Raum, an dessen Wänden Stelltafeln das Leben und Wirken des Philosophen und Kardinals bebilderten und erklärten. In der Mitte waren einige Stühle in Reihen angeordnet, wahrscheinlich für Vorträge oder andere Veranstaltungen. Ein Fenster der Vorderseite stand offen, ab und an rauschte ein Auto vorbei. Von der ursprünglichen Einrichtung schien nichts erhalten. Wie hatte der Alltag hier ausgesehen, was hatte Nikolaus von der Straße gehört? Händler zogen mit ihren Kutschen vorbei, auf der Wiese zur Mosel grasten vielleicht Tiere, führten Bauern ihr Vieh durch die umliegenden Gassen. Das rege Treiben im 15. Jahrhundert. Gleich zu Beginn, 1401 war er geboren worden. Mit fünfzehn Jahren ging er nach Heidelberg, machte dort an der Universität seinen Bachelor, wie man heute sagen würde (in etwa einem Jahr statt jetzt dreien), und zog bald weiter nach Padua, wo er von 1420 ab Kirchenrecht studierte und zum Doktor promoviert wurde. Italien würde für diesen Weinkenner von der Mosel geistige und berufliche Heimat werden, im Aufblühen der Renaissance. Doch zunächst ging es zurück nach Deutschland, wo er 1425 seine erste

Stelle an der Universität von Köln antrat, um im gleichen Jahr noch als Sekretär in die Dienste des Trierer Erzbischofs zu treten. Wann genau er zum Priester geweiht wurde, ist unbekannt. Neben der geisteswissenschaftlichen und seelsorgerischen Tätigkeit war er in der kirchlichen Hierarchie zunehmend mit Reformen befasst.

»Die katholische Kirche war im Verfall begriffen, und das vor 600 Jahren.«

Der Streit zwischen der Treue zu Rom und neuen Lehren wie denen von Jan Hus in Böhmen schwelte. Dieser hatte gegen den Papst und die Doppelmoral des sich bereichernden, lasterhaften Klerus gepredigt, allein Christus akzeptierte er als religiöse Autorität. Ein Jahr bevor Nikolaus nach Heidelberg ging, wurde Hus gefangen genommen und als Ketzer verbrannt. Es kam zum langjährigen Krieg zwischen seinen Anhängern und den Papsttreuen. In seinem Amt als Sekretär des Trierer Erzbischofs wurde Nikolaus nach Basel geschickt, wo ein Konzil helfen sollte den Krieg zu beenden. Dabei hatte er selbst gezweifelt, ob der Papst in Rom als oberste Autorität der Kirche anerkannt werden sollte. Er wusste um die Vergehen der Päpste, in Glaubensfragen, bei denen sie Irrlehren verbreitet hatten – dass sie ihre eigenen Töchter und Söhne sogar öffentlich zeigten, wie später Innozenz VIII., der heillos Unschuldige, war ihm erspart geblieben. Doch Illusionen über die Doppelmoral der Herrschenden, zu denen er selbst dann als Bischof, Kardinal und Landesfürst gehören sollte, hatte er keine. Gegen Ende seines Lebens, als in Südtirol unter seiner Herrschaft in einem reichen Nonnenkloster gemeinsame Badetage von Mönchen und Nonnen bekannt wurden, kam es zwischen ihm und der kupplerischen Äbtissin zum Krieg.

»Nikolaus ging es um die Einheit der Kirche.«

Den Affront der Hussiten lehnt er ab. Zugleich erkennt er die Schwächen des Papsttums. Das einzig bindende Glied der Kirche, ihren Zusammenhalt, sieht er in ihrem Geist, dem, was der Heilige Geist genannt wird, die Liebe untereinander als Liebe zum Göttlichen, Erhebenden, Guten. Deshalb ist dieser Geist heilig, unantastbar – wer das Streben nach dem Guten in sich und mit anderen zerstört, untergräbt den Grund für jede Menschlichkeit, das Gebot der Nächstenliebe. Es ist ein Geist, weil er der ganzen Anstrengung des Einzelnen und der Vielen bedarf – man kann ihn nicht halb erreichen, er ist nichts Halbes, ist schon zerfallen, wo Bruchstücke das Bild bestimmen. Diese Anstrengung zum Ganzen speist sich aus dem

Bewusstsein um die Einmaligkeit des einen, eigenen Lebens. Wer es halb gelebt hat, verdammt sich selbst.

Die Anstrengung zum Einen konnte nur zu Reformen des bereits Begonnenen führen, nicht zu dessen Verwerfung, endgültiger Zersplitterung. Nikolaus entschied sich für den *Marsch durch die Institutionen*, machte Karriere und wurde zum Akteur eines Wandels, der ihn zunehmend forderte und vor Entscheidungen stellte, die selbst Licht wie Schatten auf ihn warfen. Nach dem Konzil von Basel reiste er mit einer päpstlichen Gesandtschaft über Venedig nach Konstantinopel. Man kommt sich näher, Nikolaus akzeptiert die Rolle des Papstes für das Wirken der Kirche und tritt als dessen Gesandter fortan bei den Reichsstädten, Fürstenversammlungen und Reichstagen in Deutschland auf. Er wird Politiker des Papstes, insbesondere zweier dem Vernehmen nach Humanisten in diesem Amt: Nicolaus V., der von 1447 bis 1455 der Kirche vorstand – und dessen Menschenliebe ihn nicht davon abhielt, die Sklaverei unter portugiesischer Herrschaft in zwei offiziellen Schriftstücken gutzuheißen –, und Pius II., sein Nachfolger, der wie Nikolaus von Kues selbst 1464 starb. Für die Christen hatte der deutsche Kardinal heilsversprechende Ablassbriefe aus Rom im Gepäck, den Juden wurde auf sein Geheiß hin das Tragen eines gelben Kreises auf der Kleidung verordnet, gemäß römisch-katholischer Vorschrift seit dem 13. Jahrhundert. Dass er die Juden persönlich verabscheute, daraus machte er keinen Hehl – einmal rühmte er die Stadt Bremen, weil es dort keine mehr gäbe. Andere Städte und Grafschaften widersetzten sich dem Hass im Namen der Nächstenliebe: Nürnberg, Brandenburg. Wie war es um die Einheit mit Gott bestellt, wenn sie das Volk der Juden, das Volk Gottes selbst ausschloss, verfolgte, der Vernichtung preisgab?

Katja und Andi schauten den Pastor an. Was sollten sie hier? Sie hatten ein Spiel spielen wollen – und erfuhren, dass sein Erfinder eine zwielichtige Gestalt geworden war. Oder nicht?

»Ja, diese Seite gab es leider bei nahezu allen Christen in Deutschland, in Europa, auch bei den Denkern und Gelehrten, das reiht sich von Nikolaus von Kues über Erasmus von Rotterdam, Martin Luther bis in die Aufklärung, bei Georg Christoph Lichtenberg und anderen –, und führt tief in die Gräueltaten im 20. Jahrhundert, unter den Nationalsozialisten. Dabei gab es schon im Mittelalter den Genozid an Juden, nicht nur in Bremen, auch in Trient, Ende des 15. Jahrhunderts. Nichts lässt sich damit entschuldigen, die wahren Gräuel dieses Hasses habe damals noch niemand gekannt, man kannte sie sehr wohl, in all ihrer Unbarmherzigkeit und Grausamkeit.«

»Dann ist es ja eigentlich noch viel schlimmer«, meinte Andi.

»Ja, das ist die tiefe Schuld der Christen gegenüber den Juden.«

»Und gegenüber all den versklavten Menschen, wenn ich da an den Papst denke, der auch Nikolaus hieß.«

Katja hatte sich auf einen der Stühle in der Mitte des Raums gesetzt.

»Wen haben die Portugiesen denn versklavt?«

»Araber, Afrikaner, Einheimische in Südamerika.«

Sie blickte starr vor sich hin.

»Ich weiß gar nicht, ob ich noch Lust auf das Spiel habe.«

Andi ging zum offenen Fenster, der Pastor nahm neben ihr platz, verharrte reglos.

Sie schwiegen.

Unten an der Kasse schellte das Telefon, jemand sprach leise, unverständlich.

Nach einer Weile drehte Andi sich um.»Komm, wir schauen es uns zumindest mal an.«

Es befand sich in einer Ecke, die halbausgehöhlte Kugel lag darauf. In den Boden aus hellen und violett gefärbten Steinquadraten war quer dazu eine Platte eingelassen, auf der neun Kreise bis zu den Rändern des Vierecks reichten, wie eine Quadratur mit Kreis. Die offene Kugel war grünlich und am runden Boden schon ganz abgegriffen.

»Hier haben wohl schon viele gespielt.«

»Und was gewonnen?«

»Im Grunde sollte man Einsichten gewinnen. Aber gespielt wurde so lange, bis jemand die Zahl 34 erreicht hatte, weil unser Erfinder glaubte, Jesus wäre so alt geworden. Heute hält man eher 30 oder 33 für wahrscheinlicher, warum, weiß ich auch nicht genau.«

»Und wie bekommt man 34 Punkte?«

»Was meinst du?«

Der Pastor schmunzelte Andi herausfordernd an.

»Die Kreise sind die Punkte«, meinte Katja.

»Von mir aus – auch wenn Kreise keine Punkte sind.«

»Warum sollen denn Kreise keine Punkte sein?«

»Na, ein Kreis ist hohl und ein Punkt nicht, zum Beispiel.«

»Beide sind rund«, warf der Pastor ein.

»Und ein Kreis besteht aus Punkten«, ergänzte Katja.

»Egal, also wie lautet die Regel?«

»Du wirfst die Kugel so, dass sie möglichst in der Mitte oder nah an der Mitte liegen bleibt. Neun Kreise bilden zehn Felder. Die Mitte ergibt zehn, die anderen neun, acht, sieben und so weiter, bis zur eins ganz außen.«

Katja nahm die eingebeulte Kugel und warf sie Richtung Mitte – von wo sie drehend hinforteierte, in Feld Nummer Drei.

»Okay, drei Punkte. Jetzt du.«

Andi warf die Kugel leicht angedreht, mit *Effet*, wie beim Handball, so dass sie wild über die Kreise hüpfte, ins Aus.

»Null Punkte.«

Katja zeigte ihr Gewinnerlächeln.

Der Pastor gab sich keine besondere Mühe, Hauptsache, die Kugel sprang nicht über das Viereck hinaus. Sie hüpfte von einem mittleren Kreis zum nächsten, zirkelte auf der Stelle, um noch im Kippmoment näher Richtung Mitte zu fallen.

»Sieben Punkte!«

So ging es eine Weile.

Am Ende gewann tatsächlich Katja, womit auch Andi sich zufrieden gab, sein schlechter Start war zu einer echten Pechsträhne geworden. Der Pastor nahm die ausgehöhlte Kugel und setzte sich. Von den Stuhlreihen aus konnte man das Spielfeld gut sehen.

»Habt ihr schonmal etwas von der Quadratur des Kreises gehört?«

»Ja klar.«

»Und auch davon, wie beide Figuren eins werden?«

»Geht das denn? Ich dachte, der Ausdruck steht für etwas, das unmöglich ist.«

Katja dachte an einen Satz aus der Bibel, *für Gott ist nichts unmöglich*, doch wagte es nicht, die Anderen darauf anzusprechen.

»Kreis und Viereck sind geometrische Formen, Mathematik also. Und die Mathematik lehrt uns die Unendlichkeit: Man kann immer noch eine Zahl hinzufügen. In der Unendlichkeit aber ist es denkbar, dass runde und eckige Formen sich annähern und schließlich – auch wenn man es nicht beweisen kann – ineinander übergehen. Das heißt: In der Unendlichkeit werden die Widersprüche überwunden, es entsteht eine Gleichheit, Einheit von allem. Nikolaus glaubte, so muss man sich die Ewigkeit vorstellen. Wenn es Unendlichkeit wirklich gibt – wie es die Mathematik uns beweist –, dann muss es auch Ewigkeit geben. Dann ist die Rede von ihr kein Unsinn. Was wir hier vor uns sehen, das Viereck, das die Kreise umschließt, ist wie ein Ankerpunkt dieser Vorstellung. Wir sehen nur Teile davon, was zum Einen führt – und der Weg darauf ist immer auch vom Zufall, Glück, abhängig, so wie die hüpfende Kugel. In welchem der Kreise wir landen, haben wir nicht in der Hand. Doch jeder Kreis ist im Licht der Unendlichkeit besehen gleich. Es zum Inneren der Kreise im Spiel zu schaffen kann demnach nur bedeuten, das Prinzip zu verstehen – den eigenen, eiernden Werdegang am in sich Runden, Guten, auszurichten. Das heißt: Wir brauchen Orientierung in unserem Leben.«

»Und die Mitte steht dann für Gott?«

»Ich sagte euch ja, dass die Neun als besondere Zahl gilt. Zum einen hat Nikolaus von Kues in seinem Buch über das Kugelspiel über die Bedeutung der Kreise geschrieben – ihr erinnert euch doch an das grüne Buch von mir, worüber wir in der Messdienerstunde gesprochen haben? Und zum anderen hat er in seinem letzten großen Buch, der *Jagd nach Weisheit,* eine Aufteilung in Zahlen für sein ganzes Denken bestimmt. Ich kann euch das jetzt natürlich nicht alles aus dem Stegreif sagen, ein paar Dinge habe ich mir aber gemerkt: Für ihn gab es drei Bereiche der Weisheit, das Ewige, das Universale und das zeitlich Gebundene. Zeitlich gebunden sind wir hier, ist dieses Haus, dieses Spiel, die Natur, alles, was wir erleben. Universal sind die Gesetze der Mathematik zum Beispiel – sie gelten unabhängig davon, ob Nikolaus sie im 15. Jahrhundert verwendet hat oder wir heute, zwei plus zwei ergibt vier. Und über diese Brücke erfassen wir mit Gewissheit, dass es etwas ihr zugrunde Liegendes geben muss, eben jenen Bereich in der Unendlichkeit, in dem alles eins wird. Dort beginnt für ihn das Reich Gottes, des einen Schöpfers. Das Universale verbindet uns mit ihm, hier und jetzt. Er ist kein ferner Gott, irgendwo da draußen im Weltall. Man kann ihn auch nicht sehen, er ist selbst nicht zeitlich gebunden. Zwischen ihm und uns gibt es eine Brücke, die sich nicht nur glauben, sondern auch denken lässt: das Universale. Davon ging Nikolaus aus.«

»Als einen Mathematiker kann ich mir Gott eigentlich nicht vorstellen.«

»Da hast du recht, Katja. Liebe kann man nicht errechnen, da gehört schon mehr dazu. Doch warum sollen wir uns vom Denken nicht helfen lassen?«

»Ich habe Hunger«, meinte Andi kleinlaut.

Der Pastor nickte, sie gingen hinunter, stöberten noch ein wenig zwischen den Souvenirs – Katja kaufte sich eine Ansichtskarte vom Haus – und überquerten die Straße, zurück ans Moselufer.

»Seht ihr die Burg dort oben?«

»Klar.«

»Da wartet unser Abendessen.«

Andis Augen leuchteten, und doch schaute er verzweifelt, denn so sehr ihn die Aussicht auf ein kräftiges Essen in luftiger Höhe reizte, so sehr schreckte ihn der Aufstieg dorthin, auch wenn es nur ein, zwei Weinhänge waren.

Sie schlenderten am Wasser entlang bis zur Brücke nach Bernkastel, die Burg thronte weit oberhalb der Stadt. Schon Nikolaus hatte sie am anderen Ufer gesehen, wenn er in Kues seinen Besorgungen nachging, als Junge in den Flussauen umherstromerte, Fische fing, Fangen spielte und mit anderen auf die Jagd zog, bei der Weinlese half, mit schweren Büchern unterm Arm als Heranwachsender nachhause kam, sie gleich in seiner Kammer zu studieren.

Der Trubel im Touristenwallfahrtsort hatte sich gelegt, die Kaffeekränzchen waren aufgehoben, Schiffsrundfahrten gemacht, Busse standen an der Promenade mit rauchenden Fahrern davor. Kaum waren sie im Ort, da bog der Pastor rechts in eine steile Seitenstraße ein, rasch hatten sie an Höhe gewonnen, blickten über die ersten Dächer, gingen an Hotels und Pensionen vorbei, schlängelten sich entlang zugeparkter Bürgersteige, bis linker Hand ein schmaler Weg in den Weinberg führte. Erleichtert liefen sie unterhalb der Reben an einem kühlen Mäuerchen den Berg hinauf, wieder unter sich. Oder fast – einige Familien kamen ihnen entgegen, eine Gruppe englischsprechender Senioren.

»Ist das Restaurant noch auf?«, wollte der Pastor von einer Familie zur Sicherheit wissen. Die Kinder strahlten, die Limo oder das Eis waren offensichtlich ein Genuss gewesen, eine Gaumenfreude für die Kleinen und eine Ruhefreude für die Großen.

Nach dem Weg am Weinberg vorbei, ging es zurück auf eine kleine Straße, ein Verbindungsstück zu einem weiteren Ausflugslokal auf halber Strecke, das der Pastor – im Gegensatz zu Andi – nicht weiter beachtete.

»Komm!«

Dem Jugendlichen ging sein Kreislauf auf Grundeis, sein Magen knurrte.

»Gleich ist es geschafft.«

Katja hielt ihm ihre Trinkflasche hin, und er goss sich das Wasser bis über den Mund.

Bald kam die Burgmauer zum Vorschein, die Straße führte von hinten an die Ruine heran. Endlich waren sie oben. Die Treppe hin zum Innenbereich der Burg gab Andi neuen Mut. Ohne sich länger auszuruhen, lief er die Stufen hinauf, pirschte voran. Wo war das Restaurant? Erst sah er einige Holztische- und bänke im Hof mit Sonnenschirmen. Na gut, ein Kiosk. Leicht enttäuscht schaute er zurück zum Pastor. Der verzog keine Miene, bis er bei ihm stand und auf die Glastür in der Ecke zeigte.

Das Lokal bestand aus einer einzigen Glasfront zum Ausblick über das Moseltal hin, mit dem Rücken in die Burgruine eingefasst, wie ein heller, großer Schuhkarton, nur mit fein säuberlich gedeckten Tischen darin, einer durchlaufenden Bank parallel zum Panorama, elegant gekleideten Kellnerinnen und Kellnern, maskiert wie überall das Personal. Sie setzten sich direkt ans Fenster. Vereinzelte Wolken zogen über das Tal, unten, am anderen Ufer, konnte man den Ortsteil Kues sehen, wo das Geburtshaus stand, wie ein Spielzeughaus. Darüber erstreckten sich bald die Flächen der Weinhänge, wie Teile einer Landkarte, in leicht schrägen, eckigen Abschnitten, durchzogen von Straßen, die diagonal am Hang entlang führten, leicht geschwungen. Das Bild einer menschlichen Ordnung, Kulturlandschaft, wie es auch Nikolaus gesehen haben mag, von den Hängen hier oben (wer weiß, ob er je auf der Burg selbst sein durfte, vielleicht später, als Bischof, oder schon früher, mit seinem Vater, dem wohlhabenden Schiffer am Ort).

Sie bestellten eine Hauptspeise, der eine Nachspeise sicher folgen durfte, bekamen Brot, das Andi gleich vorkostete, und freuten sich auf große Apfelsaft- und Holunderschorlen, eine Flasche Wasser dazu, ein Glas feinsten Riesling für den Pastor (ein einziges Glas, damit könnte er noch fahren).

»Du hattest doch heute schon Schnitzel,« stichelte Katja. Was sollte Andi dazu sagen, mit vollem Mund? Er kaute fröhlich vor sich hin, während sie sich die honigsüße Zusammenstellung ihres Salatdressings auf der Zunge zergehen ließ.

Der Pastor hatte nicht darauf gedrängt, vor dem Essen zu beten. Sollte der Junge sich ruhig vollstopfen, nahtlos war er vom Brot zum Schnitzel übergegangen. Er mochte jetzt nicht ermahnen, vielmehr war er dankbar für diesen Tag. Katja hatte seine Gedanken vielleicht erraten, so, wie sie ihn zwischendurch ansah. *Lass gut sein*. Die beiden hatten heute Morgen mit ihm die Messe gefeiert, sich am Nachmittag mehr als genug mit Glaubensfragen beschäftigt. Jetzt war es Zeit, fünf gerade sein zu lassen – die alltägliche Quadratur des Kreises.

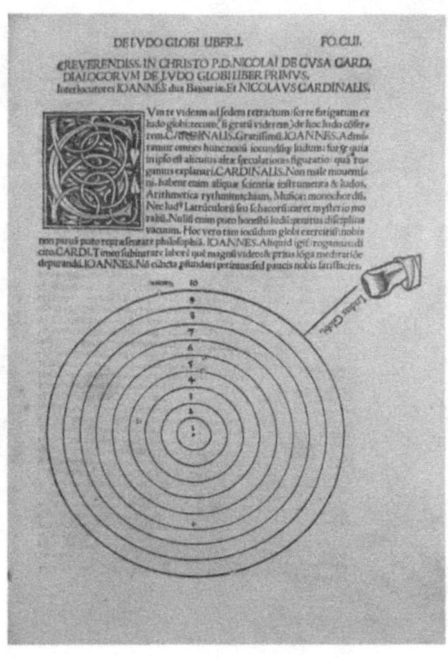

DE LVDO GLOBI LIBER I. FO. CLII.

REVERENDISS. IN CHRISTO P. D. NICOLAI DE CVSA CARD. DIALOGORVM DE LVDO GLOBI LIBER PRIMVS.
Interlocutores IOANNES dux Baioariæ. Et NICOLAVS CARDINALIS.

[illegible]Vm te videam ad sedem retractum: forte fatigatum ex ludo globi: tecum (si gratum viderem) de hoc ludo cōferrem. CARDINALIS. Gratissimū. IOANNES. Admiramur omnes hunc nouū iocundūq; ludum: forte quia in ipso est alicuius altæ speculationis figuratio: quā rogamus explanari. CARDINALIS. Non male mouemini. habent enim aliquæ scientiæ instrumenta & ludos. Arithmetica rythmimachiam. Musica: monochordū. Nec lud[9] Latrunculorū seu schacorū: caret mysterio moralū. Nullū enim puto honestū ludū: penitus disciplina vacuum. Hoc vero tam iocūdum globi exercitiū: nobis non paruā puto repræsentare philosophiā. IOANNES. Aliquid igit[ur] rogamus: dicito. CARDI. Timeo subinstrare laborē quē magnū video: & prius lōga meditatiōe depurandū. IOANNES. Nō cūcta p̄fundari petimus: sed paucis nobis satisfacies.

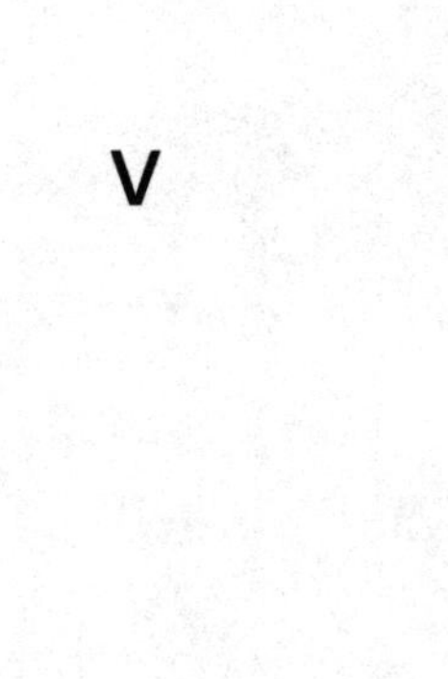

V

Dörpinghaus saß auf seinem Sofa, den Tee rührte er nicht an.

»Wie soll jetzt weitergehen?«

Zutiefst unangenehm war dem Pastor die Reaktion des eigenen Gemeinderats auf den Vorschlag des Architekten gewesen. Konnte er sich denn auf gar nichts mehr verlassen? Die evangelische Kirche wollte das Projekt durchaus unterstützen. Es sollte jedoch bei der Stadt nicht wie der Antrag einer bestimmten Klientel wirken.

»Eine breite Zustimmung wäre viel besser. Die haben schon unser letztes Vorhaben von der Friedensinitiative nicht bewilligt.«

Sollten sie vielleicht in den Schulen dafür werben? Den Sportvereinen?

»Damit am Ende ein Wimpel der Blau-Weißen aufs Dach kommt?«

»Dein Tee wird kalt.«

»Alassaf traut sich schon nicht mehr zu fragen. Letzte Woche sind wir uns zufällig im Supermarkt begegnet. Vom Billigsten war in seinem Einkaufswagen viermal das Gleiche. Wir haben dann zusammen einige Runden durch die Gänge gedreht, er wollte natürlich nichts annehmen, aber ich meinte, seinen Kindern werde er meine Hilfe doch nicht abschlagen wollen. Da lächelte er kurz, mit seinen dicken, pflaumigen Backen.«

»Auf mich kannst du jedenfalls zählen. Ich denke nicht, dass alle dagegen sind. Es kippte nur die Stimmung, an dem Abend, weil die Zweifler das letzte Wort behalten wollten.«

»Wir sollten mit dem Antrag bei der Stadt nicht mehr lange warten. Würdest du auf einer Bürgerversammlung sprechen, auch wenn du nicht im Namen der Gemeinde auftreten könntest?«

»Natürlich.«

»Nächsten Monat könnten wir dazu einladen, im Hotel Hickmann.«

»Sehr schön, ich bin dabei.«

*

Der Gitarrenlehrer war nicht begeistert. Ein Stück für Schlaggitarre, das könnte Andi gern selbst vortragen, in seiner Gruppe würden nur Kompositionen für Zupfgitarre gespielt, die angenehm rieselnden Tropfentöne bauchig warmer Klangkörper. Mit der Gitarre nicht aufzuheizen, keinen Rhythmus voranzustellen, allein im Schwung gemessener Takte vielstimmige Melodien aufsteigen zu lassen, darum ging es dem Lehrer. Andi mochte ihn sehr, er war ein halbes Jahrhundert älter als er, da gönnte er ihm gern seinen anderen Geschmack, auch wenn er doch mit den Beatles, den Rolling Stones aufgewachsen sein musste. Er war ein Klassiker, von Anfang an.

»Ich bin nie groß tanzen gegangen«, meinte er. »Und auf dem Land hörte man davon auch gar nicht so viel. Ab und zu im Radio oder in der Kneipe. Viel öfter wurde Volksmusik gesendet, das gefiel mir überhaupt nicht. Zusammen auf einer Bank sitzen und schunkeln, furchtbar. Deshalb habe ich nach meiner Pensionierung gleich den Schein als Gitarrenlehrer gemacht. Um nicht nur von Senioren umgeben zu sein. Die reden von ihren Wehwehchen und wie es früher war. Das interessiert mich nicht.«

Endlich wollte er nur noch die Musik machen, die er wirklich liebte. Bearbeitungen für Gitarre nach Vivaldi und Haydn, Originalkompositionen von Fernando Sor und Franz Schubert. Und das mit jungen Menschen. So war ihm das Angebot des Pastors gerade recht gekommen, in der Gemeinde eine Gitarrengruppe zu leiten. Als Rentner hätte er an einer Musikschule schließlich nicht mehr unterrichten dürfen, und privat einen Zettel am Supermarkt auszuhängen, das wäre für ihn nie in Frage gekommen. Erst ist man jahrzehntelang in der Fabrik im Tal der allen bekannte Buchhalter, und dann sich lächerlich machen mit einer selbstgebastelten Anzeige? Wer noch keine Leiche sein wollte, sollte auch nichts über seine eigene tun.

Die katholische Kirche war ideal für ihn, den nur schwachgläubigen Protestanten, dort konnte er in Ruhe eine Gruppe ohne viel Aufsehen aufbauen, gestalten. Die Pandemie erschwerte die Aktivitäten, manche unliebsame Konzertanfrage konnte er so allerdings ohne Affront vermeiden – wenn über seinen Bekanntenkreis Anfragen zur musikalischen Untermalung eines Bridge-Nachmittags im Altersheim kamen, ob er nicht zur Eröffnung eines renovierten Dorfhauses vor und nach den Ansprachen mit seiner Gruppe spielen könnte, er den Freizeittenor des geschlossenen Stadttheaters auf einer Tournee durch die Region begleiten würde. Nein, nein, nein. Niemand konnte so den Kopf schütteln wie er. Er litt unter der Provinzialität und war ihr zugleich verbunden. Könnte er mit Mitte sechzig das Ruder noch einmal herumreißen? Seine Frau ließ ihn sein Glück versuchen, bewirtete die jungen Gäste der Gruppe mit selbstgebackenen Köstlichkeiten und nahm wieder das Strickzeug zur Hand, wenn ihr Mann in seiner Kulturbeflissenheit aufblühte, *jetzt lass die Anderen auch mal zu Wort kommen*, dann schwieg er beschämt, und schwiegen die Anderen, bis ein Mädchen aus der Gruppe den Kuchen lobte, Andi um noch mehr Sahne bat und es galt, die Stücke für den nächsten Auftritt in der Messe zu besprechen.

*

Dieses Mal überraschte er den Pastor im Beichtstuhl. Der war so vertieft in seine Lektüre gewesen, dass er nicht gehört hatte, wie die Tür sanft ins Schloss gefallen war, der Mann auf seinen Turnschuhen langsam näher kam, den Vorhang des Seitenflügels öffnete, sich hineinsetzte. Ganz erschrocken machte der Pastor das Licht aus, um erst einmal sehen zu können, wer sich dort hinters Gitterchen zu seiner Linken gesetzt hatte.

»Sie brauchen keine Angst zu haben.«, sagte er mit brüchiger Stimme.

»Möchten sie beichten?«

Der Andere schwieg.

Der Pastor blickte in eine dunkle Ecke des schmalen Gehäuses um ihn herum. Wie ein Tier in der Falle. Was wollte er? Warum kam er immer wieder?

»Möchten sie mit mir schweigen?«

»Ich weiß es nicht.«

Kein Laut.

Die friedliche Stille in der Kirche konnte durch einen einzigen Menschen umschlagen, in zum Zerreißen gespannte Aufmerksamkeit.

Der Mann rührte sich nicht. Er atmete unruhig ein und aus.

Dann erzählte er.

Dass seine Frau sich das Leben genommen habe. Dass er in die USA gegangen war, nach seiner Lehre zum Schreiner. Dass er etwas mit Musik machen wollte, und sei es nur Träger und Packer für andere. Er tourte mit Bands, gründete eine eigene Firma, organisierte Aufnahmen, Vermarktung. Er glaubte, er könnte alles hinter sich lassen, woanders sich selbst erfinden, ein Anderer werden. Aus Johannes wurde Joe, seine Freunde, seine Freundin, kannten ihn nur unter dem Namen. Das Handwerk hielt ihn am Boden, wenn andere abdrifteten, ausrasteten, dann wusste er, Holz ist zäh, biegsam, lebt und lebt, wenn man es nur gut behandelt.

»Wir heirateten.«

Sie machten weiter, wie bisher. Das Geschäft wuchs, Drogen und Alkohol blieben im Spiel, doch sie konnten sich aufeinander verlassen, hielten sich in der Balance. Zwei Jobs, drei Jobs, kaum Ferien, ständig unterwegs – das machte ihm kaum etwas aus, und für die Leute in den Staaten war es normal, die Kinder wuchsen so auf, man zog dorthin, wo Arbeit war, lernte das Land kennen. *Travellers*, im Mythos immer gen Westen, wo der Traum ins helle Licht über dem Pazifik führt.

»Ich habe es geliebt, in Kalifornien.«

Doch wie er dann weiter erzählte, konnte der Pastor nicht mehr folgen, scheute sich, ihn mit Fragen zu unterbrechen, sah sich auch nicht in der Lage ein intimes Gespräch zu führen, im Gewand in seinem Gehäuse, mit vergittertem Flechtwerk getrennt vom Nächsten, der sich frei zu reden versuchte, als wäre er bei einem Freund, einem Therapeuten.

»Möchtest du beten?«

Der Pastor wusste nicht, warum er ihn plötzlich duzte, es konnte ein Fehler sein, eine Vertrautheit zuzugestehen, wo kaum Vertrauen war.

Da verfiel er von neuem in abgrundtiefes Schweigen.

Beten, sagte er wie zu sich selbst, ungläubig über jede Silbe, und sprach das Wort wieder aus, als wollte er es zerkauen, so gedrungen kam es über seine Lippen.

»Darf ich für dich beten?«

Der Andere fühlte sich spürbar unwohl, rutschte auf seinem Kissen hin und her, sein Fuß stieß gegen die enge Wand des Beichtstuhls.

»Ich habe keine Schuld«, sagte er nur und ging.

VI

Liebe Gemeinde,

»Ich war hungrig, und ihr habt mir zu essen gegeben; ich war durstig, und ihr habt mir zu trinken gegeben; ich war fremd und obdachlos, und ihr habt mich aufgenommen.« So sind die Worte Jesu bezeugt, im Evangelium des Matthäus. Praktische Gründe, die Nächstenliebe zu verweigern, ließ Jesus nicht gelten. Was sorgt ihr euch, hätte er entgegnet. Dabei hätte der Bäcker durchaus antworten können, dass das Brot mühsam hergestellt werden muss, bevor es verteilt werden kann. Wir sind keine Vögel, die von der Erde leben. Wir leben von unserer Hände Arbeit. Niemand wusste das besser, als der Zimmermannssohn Jesus von Nazareth. Und doch glaubte er, dass die Kräfte des Herrn stärker sind als unsere Kräfte, dass in seiner Hand wir leben werden, wie wir es mit eigener Hand nicht können. Seine Hand, das ist die gebende, lebensspendende Hand. Die ausgestreckte Hand. Nicht die sich schließende, um Besitz und Erfassen, Begreifen. Unser Wirtschaften und Erkennen kann in Konflikt geraten mit der Liebe, der Offenheit, dem Zutrauen. Wir erleben es tagtäglich, zumindest Hören wir davon in den Nachrichten oder Sehen es mit eigenen Augen vor uns, wenn ein Obdachloser uns um Hilfe, ein Fremder um Einlass bittet. Die Kirche ist reich, mögen sie denken, und der Pastor hat gut reden. Er muss nicht um seine Stelle bangen, die Monatszahlung ist garantiert, soll er doch als Erster das Pfarramt zum Hort der Gastfreundschaft machen. Wir haben in unserer Gemeinde schon vielen geholfen, gemeinsam. Es geht nie um den Einen, Einzigen, auch wenn jemand den Anfang machen muss. Und dieser eine hat ihn getan. Jesus. Er ist vor über zweitausend Jahren durch die Wüste gewandert, die Dörfer und Städte. Er hat sich ganz und gar in die Hände seiner Mitmenschen gegeben, auf dass sie gebende Hände werden, Hände der Nächstenliebe, Hände zu Gott. Die Selbstlosigkeit seiner Lehre findet in ihm ihren Rückhalt. Sie ist kein bloßer Altruismus. Sie ist geborgen, in seiner Liebe. Von dieser Liebe hören und sehen wir kaum etwas in den Nachrichten, im Alltag, in unserer Welt. Das Licht der Welt wird überstrahlt von künstlichen Lichtquellen: Bildschirmen von Fernsehern, Computern, Smartphones. Es gibt keine wunderbare Brotvermehrung im Internet, so sehr man sich auch um Sharing bemüht. Es gibt sie nur unter Menschen, im unmittelbaren Kontakt. Schonungslos, offen. Vertrauensvoll. Deshalb geben wir uns ein Zeichen des Friedens, reichen wir uns die Hände, jedes Mal im Gottesdienst. Reichen wir die Hände nicht nur uns, uns Christen. Reichen wir sie auch anderen. Haben wir den Mut, die Barmherzigkeit der Anderen zu erfahren. Uns der Offenheit anzuvertrauen. Vor ein paar

Wochen stand ein Mann vor meiner Tür, der keine Bleibe suchte, der mit seiner Familie in einem Flüchtlingsheim untergekommen war. Der mittlerweile beim Bauunternehmer Ümit hier am Ort Arbeit gefunden hat. Der eigentlich Architekt ist, und der vor dem Krieg in Syrien, in seiner Heimatstadt Aleppo, geflohen ist. Er hat dort Schutzräume gebaut, schusssichere, runde, weißgekalkte Häuschen, die er Lebensanker genannt hat, als er vor kurzem vor unserem Gemeinderat eine Idee vorstellte, die mich seitdem begeistert, und für die ich gern bei ihnen allen werben möchte. Die Idee ist: Einen solchen Lebensanker bei uns im Park zu errichten, als Ort der Besinnung und Begegnung. Wie in jedem Rat wurde auch bei uns das Für und Wider besprochen. Im Endeffekt geht es um sie alle, hier in der Gemeinde. Ich trete niemandem zu nahe, wenn ich sage, dass wir im Rat nicht zu einer eindeutigen Antwort auf den Vorschlag gekommen sind. Nächste Woche findet im Hotel Hickmann eine Bürgerversammlung zum Thema statt. Die Friedensinitiative lädt dazu ein, unterstützt von der evangelischen Kirche. Ich würde mich sehr freuen, sie dort begrüßen zu dürfen.

*

Vierzig Jahre Krieg in Afghanistan. Die Hauptnachricht mag eine Konferenz dazu gewesen sein, dem Pastor ging die Zahl nicht aus dem Kopf. Dann das abgebrannte Flüchtlingslager auf Lesbos, die Hinrichtung eines iranischen Sportlers, weil er gegen das Regime aufbegehrt hatte. Den Gottesstaat. Der Hass der Barmherzigkeit, der Hass der Nächstenliebe. Brandstapel, Galgen, Inquisition, Ayatollahs. *Der Bischof von Sodom* – so könnte ein Fernsehfilm heißen, eine Dokumentation über die Missstände in der eigenen Kirche, ein historisches Drama über Macht, Gier, Sex, Gewalt. Nicht einmal Nachrichten mochte der Pastor mehr schauen. Die Bilder und Wortfetzen vermischten sich, spukten in seinem Kopf, führten ein Eigenleben, fremdbestimmt.

Herr,

dachte er, wie um ein Gebet zu beginnen, den Anfang zu finden, Kraft zu schöpfen, im Hinhören.

Er schwieg.

Schloss die Augen.

Sich zu beruhigen.

Nichts mehr zu denken.

In die Stille zu tauchen.

Die feinen Geräusche im Zimmer.
Das Rauschen im Ohr.
Nachrauschen.
Elektrisches Schwingen.
Der Apparate.
Ein Auto in der Ferne.
Dumpfes Geräusch.
Dann nichts.
Die Hand zu spüren.
Auf der Lehne.
Die Rillen im Stoff.
Die Falten der Couch.
Dasitzen.
In Sicherheit.
Den Film ausblenden.
Das Sehen, Verstehen.
Hörbar werden
für Gott –

*

Das Hotel Hickmann lag im alten Kern der Ortschaft, etwas oberhalb des kleinen Flusses, der ihr den Namen gab. Vom Cafébereich aus sah man direkt auf die Parkanlagen gegenüber. Pfarrer Dörpinghaus hatte die Reihen an der Fensterfront freigeräumt, so dass alle zum Park hinsehen konnten, wenn er darauf zu sprechen käme.

Sein Sohn testete gerade das Mikrophon, als die ersten Gäste eintrafen. Frau Haubrich, die Politiklehrerin am städtischen Gymnasium, kam mit zwei Freundinnen, Bekannten, Herr und Frau Günzel diskutierten noch lautstark am Eingang miteinander, der Leiter der Feuerwehr erschien im Anzug, Jugendliche von der evangelischen Kirchengemeinde – *Pfarrer Wolters kann leider nicht kommen, er hat einen Bandscheibenvorfall* –, Frau Wolz-Gottwald, ehrenamtliche Leiterin der Ortsgruppe von Amnesty International, das Ehepaar Neurath – er Steuerberater, sie Floristin –, die Nächsten kannte der Pastor nicht, dann kamen zwei vom Sportverein, wo er einmal eine Andacht gehalten hatte, zusammen mit dem evangelischen Jugendreferenten. Dank der engagierten Frauen der Friedensinitiative füllte sich der Saal wenigstens zur Hälfte. Vertreter von der Stadt erschienen nicht. Wahrscheinlich wollten sie erst einmal abwarten, wie sich die Dinge entwickeln würden. Geld brachte das Projekt nicht – und Ansehen? Das war noch dahingestellt. Die Enkelin einer einst hiesigen Nazigröße wetterte im Aufwind fremdenfeindlicher Parteien bereits auf Kundgebungen, mit Blick auf die nächste Kommunalwahl.

Herr Alassaf, seine Frau und die Kinder saßen in der vordersten Reihe. Erst begrüßte Dörpinghaus die Anwesenden, dann gab er das Wort an den Architekten. Der bedankte sich für die Veranstaltung, und dankte ganz besonders seiner Frau – für ihren Mut, in den Jahren des Kriegs, der Flucht, des Neuanfangs. Einige Frauen klatschten, doch sie wollte nicht im Mittelpunkt stehen, und so begann er mit seinem Vortrag. Wieder zeigte er Aleppo, wie es blühte, wie die Farben der Kräuter auf dem Basar bildlich dufteten, wie Frauen entspannt miteinander redeten, Männer am Straßenrand Kaffee tranken. Dann der Aufstand gegen das Regime, die blutige Unterdrückung. Er zeigte die ganze Geschichte.

»Sie kennen das natürlich aus dem Fernsehen. Aber diese Bilder habe ich selbst gemacht. Der Mann hinter der Kamera steht jetzt vor ihnen.«

Er warf einen Blick auf sein Blatt Papier – und zeigte lange nur die Bilder, die er mit seinem Smartphone gemacht hatte. Die ganze Flucht, über Lager in der Türkei, den Balkan, bis nach Deutschland.

Seine Frau hielt ihre Tochter im Arm, der Sohn saß stocksteif da.

Nachdem er ihre Geschichte – und die Tausender – erzählt hatte, kam er auf das Projekt zu sprechen. Es war ihm wichtig, dass die Leute im Saal den Zusammenhang begriffen, dass sie nicht das eine als Wissen aus den Medien verbuchten und das andere als befremdendes, unpraktisches Ansinnen, mit dem sie nichts zu tun hatten. Über ihre Steuergelder wurde inzwischen die Türkei dabei unterstützt, Geflüchtete nicht länger nach Europa zu lassen. Es brauchte jedoch einen Lebensanker, auch hier. Syrien war ausgeblutet, Familien zerrissen, zwischen Europa, der Türkei, im Nahen Osten.

»Von unserem Architektenteam«, so Alassaf, nachdem er die runden Schutzhäuschen aus Sandsäcken gezeigt und erklärt hatte, »haben es manche in den Libanon, nach Jordanien, in die Türkei oder selbst nach Europa geschafft.« Zwanzig seien sie gewesen, die am Ende die Bauten organisiert hätten. Ingenieure, Statiker, Dekorateure – bis zum Bürgerkrieg hatten sie an Hochhäusern gearbeitet, nun stürzte über ihnen die Welt zusammen. Filtersysteme für Wasser, Brennstoff herstellen aus Pflanzen – was im umweltbewegten

Deutschland als ökologisches Thema galt, war dort das nackte Überleben.

»Arbeiten ihre Kollegen wieder in ihren Berufen?«, wollte ein Teilnehmer wissen.

»Ich bin Herrn Ümit unendlich dankbar, dass er mir in seiner Baufirma einen Job gegeben hat. Ansonsten ist niemand von uns in dieser Gegend. Mein Freund Addurrhaman ist in Bayern untergekommen, die anderen woanders, wenn sie noch leben. Von zwei Kollegen habe ich nie mehr was gehört. Vielleicht wurden sie entführt, gefoltert, verscharrt, wer weiß.«

Herr Dörpinghaus trat ihm zur Seite, mit einem Nicken übernahm er das Mikro.

»Dort unten im Park« – der Pfarrer räusperte sich –, »dort unten ist der ideale Platz für einen solchen Lebensanker bei uns im Ort. Auf einem Wiesenstück, nicht weit vom Spielplatz, steht heute nur eine verwitterte Bank, mit Sprüchen bekritzelt. Ich glaube, die Stadt täte gut daran, die Parkanlage an dieser Stelle umzugestalten. Bei den Bäumen könnte ein solches Häuschen stehen, ein runder, weißer Bau, mit freier Türöffnung, freien Fenstern, witterungsbeständig, daneben eine fest installierte Tafel, auf der die Geschichte dazu beschrieben ist. Finanziell ist das machbar – der Sand und die Säcke, der Putz, das alles kostet nichts. Der Ort muss hergerichtet werden, die alte Bank muss weg, das sind die eigentlichen Kosten. Aber das stünde sowieso mal an. Und die Stadt könnte sich mit dem Projekt beim Land bewerben, als Aushängeschild der Flüchtlingshilfe oder bei *Unser Dorf soll schöner werden*. Was meinen sie?«

Dörpinghaus blickte freudig in die Runde, er sah den Bau schon vor sich, hatte sich in Begeisterung geredet, seine Frau drehte sich auf ihrem Stuhl um, ermunternd suchte sie die Blicke der Anderen. Frau Alassaf verharrte gespannt. Der Pastor hob die Hand.

»Ich bin dabei, ich unterschreibe gern.«

Frau Haubrich wollte lieber erst das Für und Wider besprechen, die Einigkeit nicht schon als gegeben voraussetzen oder werbend erzwingen.

Es kamen die gleichen Vorbehalte zur Sprache wie im Gemeinderat. Das Geld war kein Problem, der Park brauchte tatsächlich eine Auffrischung, darüber gab es keinen Streit. Es gab nur Angst, vor Reaktionen, denen man sich allem Anschein nach nicht stellen wollte. Man hatte Angst vor der Angst der Anderen, mehr fast, als vor dem Virus, dachte der Pastor. Wie verquer konnte man denken?

Und wie sollte man das noch verstehen? Ihm war es unerträglich, dass die Familie Alassaf im Ungewissen bleiben sollte, ob der mutige, interessante, sinnvolle Vorschlag des Architekten genug Unterstützung finden würde, um überhaupt von der Stadt ernstgenommen zu werden. Das war nun auch seine Stadt. Und er bemühte sich, versuchte sich einzubringen.

»Ist *Nathan der Weise* eigentlich immer noch Schullektüre?«, wollte der Pastor von Frau Haubrich wissen.

Sie lächelte mitleidig, und durch die Art, wie sie bejahte, konnte er kaum erkennen, ob sie diesen Zustand überflüssig fand oder das Stück als solches naiv. Ihre kritische Bildung war am Widerstreit geschult. Zurecht, das wusste der Pastor, das würde er auch nicht in Frage stellen. Worauf aber wollte sie hinaus? Die Gegensätze zu versöhnen? Wahrscheinlich nicht. Warum dann aber die Anfeindungen ernst nehmen, von wutentbrannten Bürgerinnen und Bürgern? Er wollte ihre Ängste ernst nehmen, nicht ihre aggressiven Schlussfolgerungen daraus.

Dörpinghaus trat nicht nur als Veranstalter auf, er choreografierte zugleich die Diskussion, er ließ allen ihre kleinen Auftritte, moderierte in ruhigem Ton, scherzte, wenn es bitter wurde, brachte seinen Joker, Frau Wolz-Gottwald, ins Spiel, wenn er Unterstützung brauchte. Ein Meister galanter Menschenführung, aus der wortgewandten Schule protestantischer Menschenfischer. Der Pastor sah nur freundschaftlich zu, wie der Kollege zu Höchstform auffuhr.

*

Den darauffolgenden Samstag kam er wieder. Nun saß der Pastor nicht im Beichtstuhl, in all den Wochen war niemand zur Beichtzeit außer der Fremde, Heimgekehrte, gekommen. Er wollte mit ihm reden können, von Angesicht zu Angesicht. Eine Maske hatte der Andere kein einziges Mal getragen, ihn kümmerten wohl die Maßnahmen wenig. Als er wieder zur Tür hereinkam, beugte sich der Pastor in der Bank etwas nach vorne, damit er ihn erst sehen würde, wenn er schon einige Schritte in die Kirche getan hätte. Abrupt blieb er stehen, als der Pastor sich zu ihm wandte.

»Bitte, lassen sie uns in Ruhe miteinander sprechen.«

Er zögerte, warf einen Blick in die Kirche, wandte sich ab.

»Im Pfarrhaus, wenn sie möchten.«

Der Pastor stand auf und machte eine einladende Geste mit dem Arm.

»Ich kann ihnen Kaffee anbieten.«

Er nickte, und beide traten sie vor der Tür ins gleißende Sonnenlicht, als wäre der Zenit nicht längst überschritten. Im Pfarrhaus gegenüber räumte der Pastor seinem Gast einen Stuhl frei, lief in die Küche, setzte den Kaffee auf, und brachte schonmal etwas Gebäck mit.

»Greifen sie zu, bitte.«

»Und?«

»Und was?«

»Haben sie für mich gebetet?«

Nein, das hatte er nicht. Doch was sollte er jetzt sagen. War es dem Anderen denn wichtig? Wollte er ihn nur prüfen, ob er sich an seine eigenen Worte hielt? Nicht schuldig werden würde, wofür, vor wem auch immer?

Er holte den Kaffee. Und als wollte er ganz von vorn anfangen, fragte der Pastor, wie eine Bitte um Vertrauen: »Womit kann ich ihnen helfen?«

Johannes. Wie wurde er jetzt genannt?

»Ich weiß nicht, ob sie mir helfen können. Mich hat keine besondere Bitte hierher gebracht. Ich versuche, mein Leben in den Griff zu kriegen. Aber es lässt sich nicht so einfach packen, wie eine Chance, Gelegenheit. Als ich konnte, bin ich weg. Und dann entglitt mir alles. Meine Frau wurde nie gefunden.«

Der Pastor stellte seine Tasse ab.

»Woher wissen sie dann, dass es Selbstmord war?«

»Ich wusste, was wir an Drogen im Haus hatten. Und dann war alles weg. So viel, damit hätten wir uns beide ins Jenseits schießen können. Wie wenn jemand einen Schlussstrich ziehen will: Du nimmst dem Andern alles, was euch beide ins Unglück stürzen könnte, und stürzt dich damit selbst ins Unglück, bringst dich um, lässt den Andern zurück, wie eine Botschaft, die eine Chance ist, das eigene Leben zu ändern, und zugleich vergiftet, weil sie offenbar für sich selbst keinen Ausweg sah. Sie war mit unserem Wagen weggefahren, mitten in der Nacht, tief in die Wildnis. Das Auto ist nach Tagen gefunden worden, von ihr fehlte jede Spur. Die Gegend, wo wir wohnten, war fast menschenleer.«

Er rührte in seinem Kaffee.

»Die Schönheit der endlosen Weite verzauberte uns. Manchmal lagen wir nächtelang vor unserem Haus und starrten in den glühenden Sternenhimmel. Zum Greifen nah. Es gab wilde Tiere, doch das kümmerte uns nicht. Der Hektik des Geschäfts zu entkommen, ließen wir uns auf dieses Niemandsland ein. Die Kommunikation funktionierte weiter, wir waren in unserem Paradies, und trotzdem mit allen verbunden, konnten das Geschäft organisieren, Wochen unterwegs sein und sicher, dass kein Stein nach unserer Abwesenheit plötzlich anders läge. Ist sie in die Felsen gegangen und hat sich in sternklarer Nacht eine Überdosis gespritzt? Ich weiß es nicht. Wir haben Wochen gesucht. Wochen! Bis ich es aufgegeben habe. Bis ich mich nicht mehr umgesehen habe, das Geschäft den Partnern übertrug und alles hinter mir ließ. Darf ich rauchen?«

Der Pastor schaute, was er als Aschenbecher anbieten konnte. Ein kleines Tonschälchen vom letzten Basar sollte reichen. Er öffnete das Fenster, sollten Vorbeigehende denken, was sie wollten, wenn der Rauch aus seinem Büro aufstieg.

»Es ist verrückt« – der Mann spuckte einige Tabakfetzen in das Schälchen –, »ich hatte wirklich geglaubt, hier, wo ich nie wieder hinwollte, diese ganze Geschichte vielleicht nicht gerade hinter mir lassen zu können, aber doch einigen Abstand zu ihr zu finden, es noch einmal anders zu versuchen, mich auf das zu besinnen, was mir Kraft gibt. So habe ich dann – wie es der Zufall will – eine gute Stelle in einer Schreinerei in der Nähe angenommen, vor Jahren schon. Meinen Vater habe ich trotzdem kaum besucht. Das ging dann doch zu weit. Irgendwie tat es gut, gerade hier eine zweite Chance zu bekommen. Wieder ein anderer zu werden, ein verlässlicher Mitarbeiter, jemand, der brav seine Steuern zahlt, sein Leben geregelt bekommt. Der sogar wieder eine Frau kennenlernt. Der mit ihr dieses neue Leben in bessere Bahnen zu lenken versucht. Und der dabei merkt: Das alte lässt dich so schnell nicht los.«

Er drückte die Zigarette im Schälchen aus, nippte wieder an seinem Kaffee.

»Ich kann gar nicht wieder heiraten, wissen sie? Die Leiche meiner Frau wurde nie gefunden, also gab es auch keinen Totenschein, nur eine Vermisstenmeldung. Offiziell sind wir noch immer liiert. Selbst seit ihr Tod uns scheidet.«

Er lachte. Die Bemerkung schüttelte ihn, zwischen Sarkasmus und Trauer. Er lachte Tränen, weinte, steckte sich rasch eine neue Zigarette an.

»Ich habe so eine Wut auf sie. Und dabei liebe ich sie. Und sie ist weg. Ganz weit weg.«

Der Rauch stieg ihm durch Mund und Nase.

»Wissen sie, die Eltern meiner Freundin hier sind sehr konservativ, die sehen nur den zünftigen Schwiegersohn in mir. Doch wir können nicht heiraten – was ihr selbst überhaupt nicht wichtig ist. Natürlich musste ich die ganze Geschichte erzählen, und alle waren sehr verständnisvoll.«

Er karikierte ihren freundlichen Ton – wie sie ihm zunickten, untereinander tuschelten, das Gespräch auf andere Themen gelenkt wurde.

»Meine Freundin liebt mich, und ich liebe sie.«

Es ging alles durcheinander, und wieder verfing er sich in Andeutungen und Behauptungen, die der Pastor bald nicht mehr verstand. Er sah nur, wie jemand an seinem Leben zerbrach.

»Darf ich sie und ihre Partnerin einmal besuchen?«

Als gäbe es nichts mehr zu sagen, stand der Andere auf, nahm seine Jacke und ging zur Tür. In die Hand des Pastors reichte er ihm eine Karte.

»Das ist unsere Firma. Rufen sie an, wenn sie wollen.«

»Und nach wem soll ich fragen?«

Er nannte ihm seinen Namen und drückte die Zigarette aus.

*

Erschöpft schloss der Pastor die Augen und lehnte den Kopf nach hinten. Die Gedanken kreisten unverändert, er fand keine Ruhe, überlegte, ob er Musik hören sollte, sich im Bad erfrischen, den Rauch, der nach wie vor in der Wohnung stand, nur tiefer einatmen. Jede Gestimmtheit des Wohlwollenden, Geduldigen, Nachdenklichen war ihm genommen. Sein indischer Kollege hatte sich für heute Abend angekündigt. Sollte er ihn empfangen, in diesem lustlosen Zustand? Es war noch etwas Zeit, bis er käme. Der Pastor ließ die Fenster offenstehen, zog sein schwarzes Jackett an und lief hinaus. Oberhalb der Kirche führte ein Trampelpfad zum Wiesenhang hinauf. Er schlenderte an den Feldblumen vorbei, auf der Weide waren keine Kühe mehr zu sehen, und das freie Feld bis zur Schlucht stand im erhitzten Duft unendlicher Weizenhalme. In der Ferne zeichneten sich die Höhenrücken ab, dicht bewaldet, mit Siedlungen dazwischen. Auf einem ragte ein steinerner Turm an die Wipfel, der Bismarckturm. So prominent später die Nazis vom *Warthegau* im besetzten Polen sprachen, so hatte sich der Name *Warth* für den Hang gehalten, von wo aus er die Aussicht genoss, ins Abendrot schaute, manchmal, wenn er die Zeit dazu fand. Oder sie brauchte, vor Erschöpfung, Ausgelaugt-Sein. In der Ruhelosigkeit half ihm nur die Natur, die lebendige Schrift, wie der Denker von der Mosel gesagt hätte, wenn er gegenüber den Buchgelehrten den Laien pries, nicht den klugen Kommentator, vielmehr den stets um Ausdruck Bemühten, sich selbst Einbringenden, Suchenden. Das Band der Natur und der Schrift war die Seele – wie nur der milde Wind die Lebensgeister wecken kann, wie nur das aufrichtige Wort einen erreicht, sich selbst und den Anderen. Die Seele, das war der Heilige Geist, die Verbundenheit mit der Welt, den Anderen. Mochten Aufgeklärte es naiv nennen, romantisch, welchen Begriff hatten sie von diesem Band, wie nannten sie, was einen mit der Welt im Innersten zusammenhält? Das Aufleben, wie es einen durchzieht, Kraft gibt, zurück in den Glauben an den Alltag zu finden, mit Zuversicht nachhause zu gehen, das Gottvertrauen aufgeklärter Seelen, in Kunst und Wissenschaft zersplittert, er wollte es nicht preisgeben, konnte sich nicht damit abfinden, spürte in sich einen verzweifelten Sog, als wäre die Sanduhr mit einem Mal aufgebraucht, ein Vakuum dort, wo er zu hoffen wagte, nicht Asche um Asche um Asche hindurch rieselte, nur Tropfen um Tropfen um Tropfen sich füllte, belebte, ihn beseelte, trug. Man war bloß ein Körper wie alle Körper von dieser Welt. Nackte Physis, Kreatur. Was aber war das Geheimnis der Seele? Dass allein ein Sinnversprechen half, nicht in der Natur zu versanden, inmitten all der Wesen, die sich darin erschöpfen, ohne Gegenwehr. Der Aufschwung zum Denken war dieses Versprechen. Welchen anderen Beweggrund sollte es haben? Ein Logos, der alles durchzieht. Das Universale. Hielten nicht auch Wissenschaftler auf der Suche nach Naturgesetzen daran fest? Und fiel man nicht mit der Polemik zwischen Wissenschaft und Religion weit hinter das Niveau zurück, das die Gelehrten auf der Schwelle zur Neuzeit weiterzugeben versuchten, die andalusischen Philosophen, der Kardinal aus Kues? Der Pastor strich mit der Hand über einige Ähren am Weg. War er nicht tief in eine Zeit gefallen, in der er sich nicht mehr auskannte, zwischen dem überlieferten Sinnversprechen so vieler Generationen und dem Postulat seiner Vergeblichkeit? Wie sollte er nicht beseelt sein wollen?

Als er wieder am Pfarrhaus ankam, wartete sein Freund an der Tür.

»Entschuldige bitte, ich habe die Zeit ganz vergessen.«

»Das macht nichts. Schau mal, was ich dabei habe.«

Eine Flasche Riesling!

»Wie war denn euer Ausflug?«

»Du glaubst es nicht, aber das scheint mir schon so weit weg.«

»Stressige Woche?«

»Ja, das Projekt mit dem syrischen Architekten macht mir Sorgen, und im Gemeinderat scheinen ein paar Querdenker zu sitzen, die weigern sich jetzt, die hohen Infektionszahlen ernst zu nehmen und die neuen Richtlinien umzusetzen.«

»Solche habe ich auch in der Gemeinde. Die bekreuzigen sich am Eingang demonstrativ mit Weihwasser, als müssten sie den Teufel persönlich austreiben.«

»Du hast noch Weihwasser im Becken?«

»Im Sommer war das wieder erlaubt, oder?«

Er wollte nicht mit ihm streiten.

»Ich stelle die Flasche in den Kühlschrank.«

»Ich habe auch Salat dabei.«

»Sehr schön.«

Der Pastor legte eine CD auf, ein frühes Streichquartett von Boccherini. Er liebte italienische Barockmusik, mit Vivaldi hätte er auf der Piazza San Marco tanzen wollen. Sie bereiteten den Salat zu, eine Käseplatte, zwei Sorten Brot. Der Wein war nun perlfrisch gekühlt.

»Komm, wir setzen uns auf die Terrasse.«

Das Klingen der Gläser, *dem Pastor geht's gut,* mochte so manche Nachbarin denken. *Wenn die zwei mal nichts miteinander haben! Wer, der Inder und unser Pfarrer? Du meinst, der indische Pfarrer mit unserem. Ist doch egal. Ist es nicht. Was kommt denn heute Abend im Fernsehen?*

Es war völlig windstill, kein Vogel regte sich, die Kerzen brannten unbewegt vor sich hin.

»Der Ausflug war wunderbar. Katja und Andi haben sich sogar meine ganzen Erklärungen angehört, und dann haben wir im Geburtshaus des Kusaners noch das Kugelspiel gemacht. Von dem ich habe dir mal erzählt, oder?«

Balkrishna drehte sich zu seiner Tasche am Boden, nahm ein Buch heraus und gab es dem Pastor.

»Kennst du das?«

»Nein.«

»Als du meintest, du würdest dich wieder mit ihm beschäftigen, da musste ich an ein Seminar bei uns in Kannammola denken. Dort war ein Priester, der bedeutende europäische Theologen mit indischen Denkern verglich. Und einer davon war der Mitbegründer des Buddhismus, Nagarjuna. Angeblich ging er weit über die Dialektik des Westens und die Denkweisen chinesischer Gelehrter hinaus. Ich glaubte damals, er wolle uns mit der eigenen Tradition nur beeindrucken, als dürften wir sie nicht vergessen, auch wenn wir woanders unser Heil suchten, in Christus.«

»Nikolaus von Kues ist selbst einmal jemandem begegnet, der ihm für die Vielfalt der Religionen die Augen geöffnet hat. Nach Byzanz war er für den Papst gereist, mit dem Schiff über die Adria. Dort und auch später in Italien traf er mit griechischen Denkern zusammen. Einer von ihnen, Plethon hieß er, hatte in Kleinasien gelehrt. Sein eigener Meister war ein jüdischer Anhänger der Kabbala gewesen, ich glaube sein Name fing mit E an – Elias – Eliasson, nein, Quatsch, nicht Skandinavisch – also irgendetwas mit E – ah, Moment – Elissaios! Ich wusste es doch! Man muss nur an Elite, Poseidon und so was denken, dann kommt man drauf. Elissaios, genau.«

Der Pastor nahm einen kräftigen Schluck Wein.

»Jedenfalls wurde dieser Lehrer als Ketzer verbrannt, von Muslimen. Dann geriet Plethon selbst in Schwierigkeiten, als er politische Ideen in seiner Philosophie entwickelte, fast hätte es ihn auch erwischt, diesmal von Seiten der orthodoxen Christen. Er plädierte jedenfalls entschieden für mehr Toleranz unter den Offenbarungsreligionen. Von Kues muss sehr beeindruckt von ihm gewesen sein. Vielleicht war Plethon offener als er selbst gewesen, hatte er doch bereitwillig von einem Juden gelernt, statt ihm mit Ressentiments zu begegnen. Zumindest begann der Deutsche darüber nachzudenken, wie ein Frieden unter den Religionen, ein echter Weltfrieden, aussehen müsste. Gut, seine Lösung war: Alle erkennen, dass sie nur Bruchstücke der Wahrheit besitzen, sich über diese Bruchstücke verständigen, um zu dem Schluss zu gelangen, dass die Puzzleteile genau im katholischen Verständnis der Dreifaltigkeit übereinstimmen.«

»*Nice try*, wie die Engländer sagen. Wobei die sich selbst die Karten so legten, dass wir Inder glauben sollten, der Nabel der Welt wäre London.«

»Und, ist der Nabel der Welt – Rom?«

»Ach, weißt du, diese ganze Machtgeschichte ist furchtbar und hat mich nie interessiert. Ich komme vom Land, und ich lebe auf dem Land, in einem anderen Land«, er schmunzelte über seine eigene Lust am Fabulieren.

»Erzähl doch weiter von diesem indischen Gelehrten, wie hieß er nochmal?«

»Nagarjuna – wie Nanga Parbat und irgendwas mit *June*.«

»Komm, sei nicht albern.«

»Er lebte nach Christus, im dritten Jahrhundert. Warum meinte unser Dozent, seine Logik sei der westlichen und chinesischen überlegen? Ganz einfach: Im Westen darf man sich nicht selbst widersprechen, nicht? Wenn ich A sage, kann ich nicht zugleich behaupten, dass A auch nicht A sei. Nagarjuna hielt das für Unsinn. Denn wie bestimme ich A, das ist doch die Frage! Der Westen kennt nur die Möglichkeit der Identität: A ist A. Oder des Widerspruchs: A ist nicht A. Beide Möglichkeiten müssen aber existieren, *sein*.«

Er dehnte die Vokale zu einem sanft klingenden Bogen.

»Nagarjuna meint: Es gibt vier Möglichkeiten! Entweder etwas existiert, Nummer eins. Oder es existiert nicht, Nummer zwei. Oder die zwei Formen der Existenz ergänzen sich, Sowohl-Als-Auch, Nummer drei. Oder sie ergänzen sich nicht, Weder-Noch, Nummer vier.«

Der Pastor wunderte sich immer darüber, wie geistesgegenwärtig sein Freund von Spaß zu Ernst, von Ernst zu Spaß wechseln konnte. Wie ein tiefsinniger Ironiker, so kam er ihm vor, jemand, der vom Rand das Zentrum betrachtet und es lieber so belässt. Denn was hatten London oder Rom ihm mehr zu bieten als diese Welt?

»Und an welche Beispiele denkst du dabei?«

»Deshalb habe ich das Buch mitgenommen, alles kann ich mir auch nicht merken.«

Er schlug es auf, blätterte über einige Seiten hinweg, bis er die Stelle fand, die er gesucht hatte.

»Hier, über die Frage, was sich vom Tod aussagen lässt: Weder kann man behaupten, den Erhabenen, also Buddha, gibt es über den Tod hinaus. Noch, dass es ihn nicht darüber hinaus gäbe. Auch nicht, dass beides zugleich zutrifft. Und auch nicht, dass keines von beidem denkbar wäre.«

»Gut, aber beim Buddha geht es um das Nirvana, nicht?«

»Ja, für uns ist nur interessant – und das wollte der Priester damals deutlich machen –, wir können logisch zeigen, dass wir in

Glaubensfragen mit unserer Logik in Sackgassen enden. Die Frage ist, welche Konsequenz man daraus zieht. Und jetzt kommt dein Philosoph ins Spiel, der schließlich ebenfalls logisch bewiesen hat, dass wir irgendwann mit unserem Latein am Ende sind. Von Kues dachte – und bitte korrigiere mich, wenn ich das falsch in Erinnerung habe –, dass Gott reine Potenz ist, das Können schlechthin, das Schaffen der Welt, mit und in dieser Welt. Nagarjuna würde jedoch sagen: Ich teile mit dir den Gedanken einer unendlichen Bewegung, und ich teile mit dir sogar den Gedanken an etwas darüber Hinausreichendes. Doch was du Ewigkeit nennst, ist für mich die völlige Beruhigung, die absolute Stille, der Nullpunkt, das Nirvana, ein Bereich des *Verlöschens*. Ich suche keine Geborgenheit. Ich suche ein Entkommen. Meine Logik lässt es nicht zu, hinter dem Weder-Noch auch nur irgendetwas zu erhoffen, es sei denn die Leere, *sunyata*. Sie ist keine Einheit, kein göttliches Prinzip. Die Frage ist also: Können wir dem Eingefaltet-Sein in dieser Welt entkommen?«

Und er blätterte rasch durch das Buch.

»Hier steht es: *Heilvoll ist die Beruhigung aller Wahrnehmung, die Beruhigung der Entfaltung*. Das sagt der Buddhist.«

»Und was meinte dein Priester dazu?«

»Er bewunderte die Logik, mit der Nagarjuna seine Argumente dargelegt hat. Aber das Ziel der eigenen, nahezu übernatürlichen Auslöschung teilte er nicht. Es schien ihm absurd, sich derart streng spirituell führen zu lassen. Ihn konnten deshalb auch die mittelalterlichen Scholastiker und Denker nicht überzeugen. Er wollte intellektuell angeregt, aber nicht überzeugt werden. *Was sollen wir streiten, über völlige Auslöschung oder ewiges Heil*, meinte er. Vielleicht ein bisschen so wie dein Plethon. Die Toleranz muss weiter reichen als bloße Überzeugungsarbeit. Wir glauben, weil es widersinnig ist, sollte es vielleicht eher heißen – und nicht nur *ich*, als Christ.«

»Pass auf, dass du nicht auch noch als Ketzer verbrannt wirst!«

Sie lachten. Um ihre Kerzen auf dem Tisch war es dunkel geworden, nur ein leichtes Sirren lag in der Luft.

»Schau mal, Glühwürmchen!«

Vorsichtig blies der Pastor die Kerzen aus.

Und die Hecke erstrahlte.

VII

Sehr geehrter Herr Dörpinghaus,

haben Sie vielen Dank für Ihr Schreiben vom 18. September 2020, in dem Sie uns den Antrag von Herrn Alassaf unterbreiten, im Park einen sogenannten Lebensanker zu errichten, unterstützt durch eine Petition der Bürgerversammlung im Hotel Hickmann am 13. September.

Der Antrag ist dem Stadtrat am 24. September zur Prüfung vorgelegt worden. Die SPD-Fraktion brachte ihn am 7. Oktober unter Tagesordnungspunkt 8, Verschiedenes, in die Ratssitzung ein.

Nach reiflicher Überlegung konnte keine Mehrheit für den Antrag gefunden werden.

Für nähere Auskünfte wenden Sie sich bitte an Herrn Dr. Tholen, Fraktionsvorsitzender der SPD im Stadtrat.

Mit freundlichen Grüßen,

Dörpinghaus warf den Brief wütend auf den Tisch und griff zum Telefon. Er kannte Rechtsanwalt Tholen seit vielen Jahren, gemeinsam hatten sie gegen das Fällen der ältesten Eiche am Ort demonstriert, sahen sich gelegentlich auf Jazzkonzerten im stillgelegten Bahnhof.

»Warum war denn niemand von der SPD auf der Bürgerversammlung? Sie hätten den Antrag doch viel stärker unterstützen können!«

»Ich verstehe ja ihre Aufregung, Herr Dörpinghaus. Aber damit ist auch niemandem geholfen. Die CDU plant ein riesiges Einkaufszentrum, der Umbau der Umgebungsstraße steht an, nächstes Jahr sind Wahlen, und Herr Rygulla von der AfD läuft jetzt schon heiß. Das ist alles gut gemeint, kommt aber zum falschen Zeitpunkt. Wir haben es versucht, mehr lässt sich nicht machen.«

»Unter Verschiedenes habt ihr es versucht, dann kann man es auch gleich bleiben lassen.«

»Sie haben, glaube ich, gerade gehört, was sonst auf der Tagesordnung stand. Das sind für die Region wichtigere Themen, das werden sie hoffentlich einsehen.«

»Ich sehe schon viel zu viel ein, und das viel zu lange. Unsere Eiche haben wir gerettet, aber für einen Lebensanker ist kein Platz.«

»Jetzt werden sie nicht ungerecht, das kann man doch gar nicht vergleichen.«

Dörpinghaus holte tief Luft.

»Beides ist Heimat.«

Und legte auf.

*

Das Gehöft lag in einer Senke, am Waldrand. Ein verklinkertes Wohnhaus mit kleinen Fenstern, daneben die baufällige Scheune. Zwei Hunde kamen dem Pastor bellend entgegen.

»Hallo?«

Er blieb ruhig stehen, in der Hoffnung, jemand würde ihn hören.

Die Hunde machten auch vor der Straße nicht halt. Beschwichtigend sprach er zu ihnen, versuchte sie freundlich zu begrüßen, auch wenn sie keineswegs darauf eingingen. Da öffnete sich die Scheunentür, und der Schreiner kam heraus, rief die Hunde zu sich, und sie trotteten zurück in den Garten.

»Entschuldigen sie bitte, sie haben doch keine Angst vor Hunden? Kommen sie, ich zeige ihnen die Werkstatt.«

In der Scheune lagerten stapelweise Bretter, hingen zahllose Werkzeuge an der Wand, standen mehrere halbfertige Gegenstände im Raum.

»Das wird unsere Sitzecke«, meinte er stolz. Der Tisch musste nur noch poliert werden, zwei Stühle waren in Arbeit, ein dritter sollte bald folgen. Die Bänke und ihr Verbindungsstück kämen zum Schluss. »Durch die Pandemie fehlt es sogar an Material, das braucht jetzt alles länger.«

Der Pastor wusste nicht, was er hier eigentlich sollte. Doch wie hätte er die Einladung ausschlagen können? Und war nicht eben das Seelsorge? Sich auf die Bedürfnisse anderer einzulassen, auch waren sie einem selbst vielleicht schleierhaft? Der Grund würde sich schon zeigen. Und wenn nicht, auch gut – die miteinander verbrachte Zeit, das Gespräch, ein offenes Ohr, das brauchte keinen weiteren Grund. Anteilnahme, Dasein für den Anderen, das war seine Arbeit.

Vor dem Haus kam ihnen die Frau – oder Partnerin – des Schreiners entgegen, verheiratet waren sie schließlich nicht. Sie trug ein kleines Mädchen auf dem Arm.

»Hätte ich gewusst, dass sie beide ein Kind haben, dann hätte ich natürlich etwas mitgebracht.«

»Keine Umstände«, meinte sie und bat ins Haus, zum Kaffee.

Auf der Fensterbank lag eine buschige Katze und sonnte sich.

Sie brachte die Kaffeekanne und ein Blech frischgebackenen Pflaumenkuchen, dann setzte sie sich auf das Sofa im Wohnzimmer, wo die Kleine auf dem flauschigen Teppich lag und krabbelte.

»Es ist noch alles etwas chaotisch«, entschuldigte sie sich für die Stapel Kartons in der Ecke.

»Wir sind im Mai erst eingezogen.«

»Irgendwas bleibt immer liegen«, versuchte der Pastor zu beschwichtigen.

»Sind sie auch aus der Gegend?«

»Nicht direkt, aber auch nicht weit entfernt. Aus dem Westerwald, bei Hachenburg.«

»Ah, die Landschaft kenne ich gut! Im Kloster Marienstatt dort lebt ein Bekannter von mir, Frater Stefan. Vielleicht kennen sie es von einem Ausflug?«

»Das ist lange her, mit der Schule waren wir einmal da. Aber es hat mir gefallen. Wir durften im Chorgestühl sitzen, als der Organist ein Konzert für die Klasse spielte. Bei der tiefsten Orgelpfeife zitterte das ganze Holz.«

Die Kleine war auf den Rücken gekullert und quietschte vor Vergnügen. Der Schreiner nahm sie vom Boden und hielt sie mit beiden Armen ausgestreckt in die Luft.

»Na, willst du fliegen?«

Doch der rasche Höhenunterschied machte ihr eher Angst, aus dem Quietschen wurde Quäken…

»Komm, ich nehme sie.«

Im Haus waren zum Teil die ursprünglichen Fachwerkbalken zu sehen. Der Pastor liebte die dunklen Maserungen, wie erstarrte Flussläufe wirkte ihr Gewebe auf ihn – der gewachsene Fluss der Zeit, in Holz verwandelt.

»Wie sind sie denn zu dem alten Hof gekommen?«

»Ich suchte ein Haus mit Platz für eine Werkstatt. Und das Angebot war im Verhältnis günstig. Es liegt zwar etwas abgelegen, dafür hat man seine Ruhe.«

Zwei angebrochene Weinflaschen standen auf der Anrichte.

»Hatten sie Gäste?«

»Warum?«

Der Pastor hob den Kopf in Richtung der Flaschen.

»Ach, nein, die hatte ich vergessen wegzuräumen.«

Seine Frau wies ihn mit einem gezielten Blick zurecht.

Er lief hinaus, um eine Zigarette zu rauchen.

»Muss man sich eigentlich früh um einen Kindergartenplatz bewerben?«

Der katholische Kindergarten war seit langem geschlossen.

»Das kann ich ihnen leider nicht sagen. Aber hier, wo sie wohnen, könnten verschiedene Orte in Frage kommen, nicht nur bei uns. Sind sie denn mobil?«

Ihr Mann brauchte täglich den Wagen, um zur Firma zu fahren. Der Bus hielt in einem Nachbardorf, zwanzig Minuten entfernt, wenn man sich beeilte. Mit der Kleinen, oder im Winter, je nach Witterung, fast doppelt so lang.

»Wenn sie mögen, kommen sie ruhig in der Gemeinde vorbei.«

Die Frau sagte nichts. Der Pastor wurde nicht schlau daraus, ob ihr sein Besuch überhaupt recht war. Ob der Schreiner selbst wusste, was er wollte. Ob er andere um sich scharte, in der Hoffnung, der freundliche Umgang werde ihm dabei helfen, das eigene Gleichgewicht zu finden, eine Stetigkeit, Normalität, Gewohnheit, die er immer noch nicht verkörperte, trotz Anstellung, Eigenheim, einer Frau an seiner Seite mit dem gemeinsamen Kind. Immer wieder hatte er nach Alkohol gerochen, wenn er zum Pastor gekommen war. Lagen die ungeöffneten Briefumschläge auf der Kommode, um Rechnungen nicht zu sehen, für die gerade das Geld fehlte? Es war offensichtlich, er versuchte sein Leben in den Griff zu bekommen, und zugleich schien er rastlos, als hätte der Tod seines Vaters, die Auflösung der elterlichen Wohnung ihn zurückgestürzt in den Wust von Gefühlen, die ihn damals zu ersticken drohten, denen er zu entkommen suchte, in der fernsten Fremde, die er hatte finden können, bis ihm der Boden unter den Füßen weggebrochen war, mit dem Tod seiner Frau. Sah er sie im Traum, das Bild ihrer nie gefundenen Leiche? Flüsterte er ihren Namen, wenn die nächste Flasche geöffnet wurde, seine Trauer zu betäuben? Da quiekte und purzelte ein kleines, quicklebendiges Mädchen durch die Wohnung, während im Hof die Wachhunde bellten. Der Pastor mochte es sich nicht ausmalen, doch er fand kein Vertrauen zu ihm.

*

Pfarrer Wolters humpelte mit seiner Krücke wie ein dreibeiniges, angeschossenes Tier.

»Sie können sich nicht vorstellen, wie weh das tut!«

Dörpinghaus folgte ihm in sein Büro.

»Ich würde mit ihnen gern die Sache von Herrn Alassaf besprechen.«

»Tja, das tut mir wirklich sehr leid, dass die Stadt abgelehnt hat.«

»Wie geht es denn jetzt weiter?«

Wolters sah nicht wirklich aus, als wollte er lange darüber nachdenken. Wahrscheinlich schmerzte ihn auch das Denken, in seinem Zustand.

»Was können wir tun? Der Platz im Park war ideal. Für alle zugänglich, ein Ort der Stadt. Sollen wir so eine Hütte jetzt irgendwo auf dem Gelände der Kirche hinstellen? Was hätte das für einen Zweck?«

»Aber warum nicht? Die Kirche kann doch auch ein Signal der Solidarität setzen, eine andere, offene Begegnungsstätte schaffen?«

»In unseren leeren Kirchen ist Platz genug für jede Menge Begegnung, das ist ein viel größeres Problem. Die Katholiken jagen die Leute weg mit ihren Skandalen, und bei uns stehlen sie sich raus, als hätten sie Besseres zu tun. Was denn? Ausschlafen!«

Pfarrer Wolters war nicht nach Reden zumute, das Thema nervte ihn, so wie ihn all seine Verpflichtungen gerade belasteten, seine Geduld strapazierten, seine jahrzehntelange Mühe schien zu versiegen, in einem schwachen Rinnsal verblassender Wut, aufgebrauchter Energie. Die Freikirchen machten ihm zu schaffen, seit der Pandemie schienen manche immer extremere Formen des Heils zu suchen, grenzten sich ab, von Dorf zu Dorf.

»Wissen sie, dass einige Gemeinden kaum hundert Mitglieder haben. Und die meinen alle, sich von den anderen unterscheiden zu müssen. Und schicken sogar ihre Jugendlichen in die Nachbarschaft, um für ihr exklusives Klübchen zu werben! Gewinne eine Seele und rette deine eigene! Als ob wir Missionare wären! Jetzt missionieren wir uns selbst.«

Er griff nach einer Schachtel Tabletten, schenkte sich aus der hohen Kanne Wasser ins Glas, und ließ die synthetische Oblate in weißes Brausen aufgehen.

»Entschuldigen sie bitte, Herr Dörpinghaus, aber sie sehen doch meine Situation. Ich bin, um ehrlich zu sein, überfordert. Ich kann mich nicht auch noch um eine Baugenehmigung kümmern, Gelder anfragen, Überzeugungsarbeit leisten. Der normale Arbeitsalltag ist schon genug. Außerdem hat die evangelische Kirche gar kein Gelände, wo so ein Häuschen stehen könnte. Unsere große Kirche im Stadtkern ist umgeben von historischen Bauten, der Kindergarten braucht die Freifläche für den Spielplatz. Ich könnte es in meinen eigenen Garten stellen, aber das ist ja nicht Sinn der Sache.«

»Sie haben recht.«

Dörpinghaus drückte seinem Kollegen die Hand.

Auf der Straße überlegte er, ob er Alassaf jetzt anrufen solle, die Aktion zu beenden. Mit der Friedensinitiative hatten sie nicht die Möglichkeit, das Projekt allein umzusetzen. Wolters schied aus, die Stadt, die SPD. Und der Pastor schien zwar guten Willens, doch sein Gemeinderat bockte.

Was waren das für schöne Worte – Entfaltung, Einfaltung. Als würde die Welt wie eine Blume aufgehen, im Sonnenlicht des Herrn, der ihr zugleich Boden ist, Luft und Regen. In der historischen Entfaltung jedoch war es ein Labyrinth, ein dichtes, zerklüftetes Relief, wie die Schnitte im Grauwackesteinbruch, an denen Meter für Meter gehauen, geschabt, gesprengt, gereinigt wurde, um aus den Steinen Schulgebäude, Kirchen, Wohnhäuser errichten zu können, mühselig verfugt, verschönert, gepflegt, renoviert. Das Haus Gottes, an dem der Kardinal zu bauen hoffte, ließ sich nicht so reformieren, wie er es gedacht hatte. In einem Buch über ihn las der Pastor einen Ausschnitt aus den Schriften seines Freundes, Papst Pius II. Darin hält er die Worte seines Kardinals fest:

Wenn du die Wahrheit hören kannst: Nichts gefällt mir, was hier in dieser Kurie geschieht. Alles ist korrumpiert. Niemand tut ausreichend seine Pflicht; weder dir noch den Kardinälen geht es um die Kirche. Wo werden die Vorschriften des Kirchenrechts eingehalten? Wo werden die Gesetze respektiert? Wo gibt es Sorgfalt in der Liturgie? Allen geht es nur um Karriere und Habsucht. Wenn ich im Konsortium von Reform spreche, werde ich ausgelacht. Ich bin hier überflüssig. Gestatte mir zu gehen! Ich kann diese Lebensart nicht ertragen. Ich bin alt und brauche meine Ruhe. Ich will in die Einsamkeit gehen. Wenn ich für das Gemeinwesen nicht leben kann, dann will ich für mich leben.

Und sein Freund fügte hinzu:

Nach diesen Worten brach er in Tränen aus.

Ein Philosoph unter Kreuzzüglern und Ahnen aus der Vetternwirtschaft, der fette Bauch des Kirchenschiffs. Jemand, der es ernst meint, im Guten wie im Schlechten, im Ideal der Nächstenliebe und in der Judenverfolgung, der, wie mancher Philosoph, die Konsequenzen seines Denkens über das Wirrwarr der alltäglichen Gemengelage stellt, Ordnung schaffen will und dabei scheitert, auch wenn er sich als Sekretär, als Gesandter, als geschickter Verhandler politisch bewiesen hat, auf internationalem Parkett, er ist jetzt alt, hat keine Kraft mehr, glaubt, seine Zeit müsse endlich seine Einsichten heiligen, doch nicht einmal der Heilige Stuhl folgt ihm, rückt nicht von der eigenen Habsucht ab, füttert die Verwandtschaft aus ganz Italien, jahrhundertelang werden hier Päpste entdeckt, die Wunder vollbrachten, Mirakel der Einbildungskraft, Heiligsprechungen überhäufen das Land, das alte und neue Rom, Knotenpunkt der Christenheit, von Antike, Mittelalter und Neuzeit, eine unerbittliche Geschichte, in die der Kardinal sich verstrickt sieht, die ihm den Schlaf raubt, als ginge es nicht um die

Offenbarung, das Seelenheil der Welt, *doch genau dafür ziehen wir gegen die Türken, kämpfen wir an vorderster Front*, so steht es 1462, und er weiß nicht mehr weiter, will in eine verlassene Gegend ziehen, nur wie, wie zieht ein Landesfürst einfach fort, in welches Land soll er gehen, seine Gegner würden laut lachen, *du wolltest etwas bewegen, dann ergreife die Macht und verteidige sie, kämpfe, kämpfe!* Er aber ist es leid, den Tempel erneuern zu wollen, er muss sich getäuscht haben, wie konnte er nur das Wort Jesu missverstehen, der eindeutig gesagt hatte, man müsse den Tempel niederreißen, in dem nur gespielt und gehurt wird, in dem die Raffgierigen ihre Feste feiern, als wären sie die Auserwählten der Schöpfung, *the very happy few*, in ihren Vorstandszentralen weit über der Stadt, befreit vom alten Glaubensschiff, über den Zinnen mittelalterlicher Fassaden, in Hochhäusern für das 21. Jahrhundert, *live von der Börse in Frankfurt.*

Die Nachrichten stiegen dem Pastor wieder zu Kopf, es drehte sich alles – die Verschleppung der Aufklärung in seiner Kirche, weitere Fälle von Sexualdelikten, Stellungnahmen des neuen Bischofs über die Vergehen des alten, als könnte der Kardinal von einst nicht heute genauso in Tränen ausbrechen.

*

Für den kommenden Sonntag hatte der Pastor einen orthodoxen Priester eingeladen, mit ihm gemeinsam den Gottesdienst zu feiern. Presbyter Blauermel kannte er von einem ökumenischen Seminar, das vor einigen Jahre in Marburg stattfand. Abends waren sie gemeinsam in die Stadt gegangen, in den ersten, warmen Frühlingstagen, an denen man wieder draußen sitzen konnte. Sie waren zum Schloss hinauf spaziert, freuten sich an dem weiten Blick ins Tal, über die Wälder und Höhen, und tranken, wieder in Mantel und Schal gehüllt, als Letzte auf einer Bank vor einem Gasthof im Ort ihren Rotwein, erzählten sich von Studienzeiten, Studienfahrten, skurrilen Gestalten in ihren Gemeinden, schwierigen Balanceakten im sozialen Gewebe, Drahtseilakten, wenn es um die Oberen ging. Der Pastor hatte Blauermel auf Anhieb gemocht, wie eine verwandte Seele erschien er ihm, ein unveränderlicher Glanz, Abglanz ferner Unveränderlichkeit. Ein Mensch, so dachte er, im Echo der täglichen Nachrichten, kann mit Gewalt gebrochen werden – wie es die Folterer überall auf der Welt versuchten, ob in syrischen Gefängniskellern oder anderswo –, doch sein Charakter lässt sich nicht ändern. Könnte man wirklich diese

Unwendbarkeit als Zeichen ewiger Prägung verstehen, so wie Platon sie einst auffasste, als Zeichen von Unsterblichkeit? Vielleicht nicht, vielleicht lag es an dieser Haut und diesen Knochen, wie manche meinten. Der Pastor glaubte nicht daran. Zu oft hatte er Sterbenden in ihrer Not beigestanden, sie als Tote vor sich gesehen, ihre Haut, ihre Knochen beerdigt. Das Leuchten in ihren Augen, war es nur ein fleischliches Schillern gewesen, Bangen, Zittern? Woher kam die Hoffnung? Wie eine Frau ihn seelenruhig angeblickt hatte, mit letzter Kraft, als wäre sie es, die ihm Trost spende, versichere, *jetzt ist alles gut*. Was gibt uns die Kraft, loszulassen, sich selbst zu überlassen? Ein schwindender Kreislauf, eine vom Leben gezeichnete Müdigkeit? All das spielte hinein, nie erschien etwas rein, für sich genommen. Doch gerade deshalb, dank der Vermischung, war es nicht auf die Natur allein zurückzuführen. Blieb ein Rest unerklärlicher Menschlichkeit, einem selbst verborgen, menschenfern.

Blauermel war nicht orthodox aufgewachsen, wie der Pastor katholisch. Als junger Mann reiste er viel, fuhr mit dem Motorrad durch die Wüsten Nordafrikas. Er besuchte die Pyramiden, fotografierte sich und die anderen Weltenbummler mit Gitarre und Zigarette am Mittelmeer, jobbte ein halbes Jahr in seiner Heimatstadt, um dann wieder ein halbes Jahr unterwegs zu sein. Seine Eltern, ein persisch-deutsches Paar, das selbst reiselustig war und den alternativen Lebensstil ihres Sohnes durchaus mochte, wurden ungeduldig, als er immer noch keine Ausbildung anfangen wollte, nach einem Semester Psychologie das Studium wieder abbrach, um weiter und weiter und weiter zu reisen. Woher kam seine Rastlosigkeit? Er wusste es nicht. Es war auch unbändige Lust, der verwegene Streuner zu sein, die Mädchen und Frauen liebten seine selbstbewusste Art, sein wildes Haar, seinen kokett unerreichbaren Blick, das Funkeln der Verführung. Er spielte mit ihrem Vertrauen. Er spielte mit sich. Bis seine Eltern ihn vor die Entscheidung stellten, sein Leben in die Hand zu nehmen oder nicht mehr mit ihrer Unterstützung rechnen zu können, indem er wieder ein- und auszog, wieder am Essenstisch saß, sich wieder vor den Ämtern drückte (*angeblich studiert ihr Sohn in Berlin und lebt bei ihnen in Pirmasens – das ist kein Fernstudium, oder?*).

»Im Kloster im Sinai durfte ich für wenige Tage bleiben. Ein Mönch, Paisios, durchschaute mich völlig. Er kannte mein Spiel. Und meine Verzweiflung. Er sprach mit mir über Dinge, die vor tausend Jahren passierten, als wäre es gestern. Die Zeit verflüchtigte sich. Ich raste nicht mehr durch die Wüste, ich kam an, in ihr.«

Er entschied sich, Priester zu werden.

Und so standen sie beide vor der Gemeinde und feierten den Gottesdienst.

Danach lud der Pastor ihn zum Mittagessen ins Hotel Hickmann ein.

»Schön hast du es hier. Ich sitze zwischen Wohnsiedlungen in der Vorstadt, alles gut angebunden, aber man kann keinen Meter spazieren ohne Autolärm. Viele Aussiedler und Zugezogene haben sich dort niedergelassen. An Nachwuchs jedenfalls mangelt es nicht.«

Der Pastor erzählte seinem Freund von dem Ausflug nach Bernkastel-Kues und dass er ihm gern ein, zwei Flaschen Wein mitgeben würde (auf dem Weg zum Auto hatte er kurzentschlossen einen ganzen Karton gekauft).

»Vermisst du eigentlich das Reisen?«

»Nein, nicht wirklich. Ich habe so viele Länder und Landschaften gesehen. Wenn ich nicht für die Gemeinde da bin, ziehe ich mich in meine Leseecke zurück und schmökere.«

»Was schmökerst du denn gerade?«

Er war in einer Ausstellung gewesen, in der romanische Kunst mit den frühen Ikonen des oströmischen Reichs verglichen wurde. Der Bildband dazu lag griffbereit auf dem kleinen Tisch an seinem Sessel, umgeben von allerhand verschiedenen Büchern, einer Pflanzenkunde, einem Gedichtband, einem Sachbuch zu Armut in der Gesellschaft.

Über die Lektüre des Pastors kamen sie auf die Philosophie zu sprechen, eine Leidenschaft, die sie seit ihrer ersten Begegnung in Marburg teilten. Blauermel konnte ungleich kritischer sein, verbarg sein bibliophiles Wissen in einem unangestrengt, beiläufigen Gesichtsausdruck, bis ein Wort wie eine Fliege ihn störte, er in der Luft herumwedelte, um sie zu vertreiben, sein Territorium mit zwanzig Widerworten zu bestimmen. Der Pastor bemerkte in einem Nebensatz, dass von Kues das alles Verbindende, nach dem Aristoteles so vergeblich gesucht hatte, im Heiligen Geist, der Liebe, gefunden hätte.

»Wie kannst du denn sowas behaupten?«

Der Pastor zuckte zusammen, ein Gewitter bahnte sich an. Das Stürmische, Temperamentvolle seines Freundes lag ihm weniger, auch wenn er nie unsachlich, verletzend zu werden drohte, wie er es bei dem ein oder anderen, offenkundig narzisstisch geprägten Mitbürger in seinem Umfeld kannte.

»Warum, was spricht denn dagegen?«

Sein Freund überlegte nicht lange, als hätte es nur eines Stichworts bedurft, um ihn in tiefste Spekulationen zu stürzen.

»Die Unterscheidung von Grund und Wesen, Grundlegendem und Wesentlichen. Schau mal, für Aristoteles ist das große Rätsel, wie die physische Stofflichkeit, die wir vorfinden, und unsere Wahrnehmung verbunden sind. Die Materie scheint unserer Erfahrung von ihr zugrunde zu liegen. Ist sie deshalb vorrangig? Es geht um das Erkennen des gesamten Gefüges, von Stofflichem, seinem Erfassen und dem Dritten dazwischen. Denn beide Seiten sind nicht identisch, also muss es etwas Verbindendes geben. Soll dieses Dritte aber selbst etwas Grundlegendes sein? Im Zeigen mit dem Finger zeigt der Finger nie auf sich selbst. Dazu braucht es eine andere Ebene, eine metaphysische, wie Aristoteles meinte.«

Er spielte mit seiner Serviette, legte sie zerknautscht zur Seite.

»Von Kues tut so, als wäre die Verbindung eine eigene Sache, wie Materie oder Gestalt. Aber damit verkennt er doch völlig den paradoxalen Charakter des Verbindenden. Es lässt sich eben nicht selbst als Grund bestimmen. Sonst verdreifacht man das Problem nur. Aristoteles könnte mit Recht fragen, was denn nun das Verbindende von Gott, Jesus und dem Heiligen Geist sein soll, wenn der dann selbst grundlegend *und zugleich* sich mit den anderen verbindend gedacht wird. Das wäre ein seltsam hybrider Geist, eine Zwittergestalt.«

Der Pastor stutzte. Vielleicht hatte er es falsch im Kopf behalten? Aber nein, in dem Buch, das er las, über die Philosophie des Kusaners, da stand doch zweifelsfrei drin, von Kues habe das Problem des Aristoteles gelöst, indem er den *Nexus*, das Verbindende, als Heiligen Geist gedeutet habe, und diesen als Liebe. Etwas musste ihm entgangen sein, auf diese Diskussion konnte er sich nicht weiter einlassen. Und er wollte mit seinem Freund den Kaffee nach dem Essen genießen, ohne Spitzfindigkeiten. Der Teufel steckte im Detail, wie der Streit.

*

Herr Alassaf stand vor der Tür. Während des Spaziergangs mit der Familie hatte er keine Ruhe gefunden und war spontan vorbeigekommen. Er wollte sich bedanken, für die ganze Mühe, jetzt, da das Vorhaben gescheitert war. Dem Pastor war die Ablenkung ganz recht, nach dem Essen mit seinem Freund hatte er fahrig in einigen Büchern geblättert, Zeitung gelesen, das Radio angeschaltet, im Internet gesurft. Die Liebe, ein hybrider Geist – das hatte ihm nicht gefallen. Und das meinte sein Freund auch gar nicht. Er hatte ihn vor ein Problem gestellt, das er nicht auf Anhieb lösen konnte, wozu er neue Anregungen brauchte, andere Lektüre. Und das am Sonntag, dem Ruhetag. Doch auch ein Pastor konnte wie ein Panther im Käfig hin und her laufen, *und sah das Gitter vor Buchstaben nicht.*

»Nichts zu danken. Möchten sie vielleicht auf eine Tasse Tee hereinkommen?«

»Nein, meine Frau wartet auf mich. Ich wollte nur einen Schlenker machen.«

Als der Pastor Herrn Alassaf langsam davongehen sah, öffnete sich das Gitter – er hatte eine Idee.

Noch am gleichen Abend rief er Dörpinghaus an, was er davon halte.

Der Pfarrer hustete leicht, bevor er sprach.

Er hatte sich hoffentlich nicht angesteckt?

»Quatsch, mir geht's prima.«

Morgen könnte er nach der Schule einen Abstecher zum Pfarrhaus machen.

»Abgemacht.«

*

Pastor geht vor Anker

In Wiemelsbrück hat der Pastor der katholischen Pfarrgemeinde St. Gertrud, Paul Treusch, am Wochenende über Nacht ein rundes Häuschen auf dem Gelände seiner Gemeinde errichten lassen. Das Gebäude ist unter dem Namen ›Lebensanker‹ als Projekt auf einer Bürgerversammlung im Hotel Hickmann am 13. September vorgestellt worden. Es beruht auf einer Initiative von Mohammed Alassaf, der 2016 mit seiner Familie nach Wiemelsbrück von Syrien aus geflohen ist. Als Architekt baute er in Aleppo schusssichere, kleine Gebäude aus Sandsäcken, Mörtel und wenigen anderen Hilfsmitteln. Sein Vorschlag war, als Zeichen der Besinnung auf den Frieden einen solchen Schutzraum im Park der Stadt zu errichten. Die Friedensinitiative, geleitet von Pfarrer Wilhelm Dörpinghaus, unterstützte die Idee und stellte sie auf der Versammlung zur Diskussion. Etwa 30 Bürgerinnen und Bürger unterzeichneten die Petition, darunter Pastor Treusch. Der Antrag bei der Stadt auf Geneh-

migung des Vorhabens wurde abgelehnt, er war von der SPD-Fraktion eingebracht worden, mit Unterstützung auch der evangelischen Kirchengemeinde, im Namen von Pfarrer Klaus Wolters.

Die Überraschung war groß, als die Gläubigen von St. Gertrud diesen Sonntag zur Messe gingen. Das große Holzkreuz, das unter dem Vorgänger von Pastor Treusch, Hans Hettich, am Fuße des Hangs zur Pfarrgemeinde errichtet worden war, fehlte. Stattdessen sahen die Gläubigen nun eine Art Iglu, weiß verputzt, mit Fensterchen drin und einer Türöffnung. Daneben eine Tafel im Gras, leicht erhöht, mit dem Titel des Häuschens und einer kurzen Erklärung von Zweck und Herkunft. Es wird als neuer Ort der Besinnung und Begegnung vorgestellt. Die Reaktionen gehen weit auseinander.

Denn Pastor Treusch hat seine Aktion nicht mit seinem Gemeinderat abgestimmt. Mitglieder sind empört, so äußerte sich der stellvertretende Vorsitzende, Rüdiger Stremel: »Das ist ein unglaublicher Vorgang. Es hätte zumindest einen offiziellen Beschluss geben müssen. Gewinnt so die Kirche das Vertrauen ihrer Mitglieder wieder, indem jetzt schon ein Pastor Papst spielt und sich über alle hinwegsetzt?« Andere finden den Schritt stattdessen mutig, wie eine Frau nach der Messe berichtet: »Also ich habe wenig Kritik gehört, ganz im Gegenteil. Bei uns unter der Empore war viel mehr Freude zu spüren. Toll, dass er das gewagt hat!«

Mohammed Alassaf und seine Familie waren als Gäste in dem Gottesdienst zugegen, es wurde gemeinsam gebetet, für den Frieden. In seiner Predigt betonte der Pastor, dass er sich gegen niemanden habe richten wollen, dass er es aber geboten und richtig fand, die ›Heimstatt der Besinnung‹, die Alassaf vorgeschlagen hatte, zu verwirklichen, zur Not eben auf dem eigenen Grund der Kirche.

Vom Bistum liegt noch keine Stellungnahme vor.

*

Der Zeitung lag bislang keine Stellungnahme vor. Der Pastor hatte sie jedoch bereits auf dem Tisch liegen, per Einschreiben geschickt. Jetzt noch, Anfang der Woche, war er hundemüde von dem Rummel, der langen Nachtschicht. Eine sternenklare Nacht. Herr Ümit hatte seine Bauarbeiter mitgebracht, alle nötigen Maschinen und Werkzeuge. Das Schwerste war die Demontage und der Abtransport des alten Holzkreuzes gewesen. Es lagerte nun in der Halle der Baufirma. Sie hatten die Befestigung des Kreuzes im Grund freilegen und ausheben müssen. Dann das Loch wieder zuschütten, den

Boden glätten, ein Fundament schaffen für das Häuschen darauf. Dörpinghaus, Balkrishna, Blauermel, Andi, Katja, Freiwillige von der Friedensinitiative, sie alle schufteten mit Alassaf und seinem Sohn, seinen Kollegen, Herrn Ümit selbst, um den Bau aus Sandsäcken bis zum Morgengrauen befestigt und verputzt zu haben. Das Schild hatte der Pastor anfertigen lassen, Herr Ümit installierte es gut sichtbar.

Um vier Uhr in der Nacht schimmerte das helle Häuschen im Mondlicht. Kein Auto war auf der Straße vorbeigefahren, und die nächste Wohnsiedlung am Ortsrand lag glücklicherweise weit genug entfernt.

Der Pastor und Herr Alassaf fielen sich in die Arme.

Und aus Übermut hupte Herr Ümit zum Abschied.

Für meine Mutter und Pastor Weber

Zeitfracht Medien GmbH
Ferdinand-Jühlke-Straße 7
99095 Erfurt, Deutschland
produktsicherheit@kolibri360.de